我国大学生
法律意识培养问题研究

陈思思　著

吉林科学技术出版社

图书在版编目（CIP）数据

我国大学生法律意识培养问题研究 / 陈思思著. --
长春 : 吉林科学技术出版社, 2020.9

ISBN 978-7-5578-7521-3

Ⅰ. ①我… Ⅱ. ①陈… Ⅲ. ①大学生－法律意识－研究－中国 Ⅳ. ①D920.4

中国版本图书馆 CIP 数据核字（2020）第 175395 号

我国大学生法律意识培养问题研究

WOGUO DAXUESHENG FALV YISHI PEIYANG WENTI YANJIU

著　　者　陈思思
出 版 人　宛　霞
责任编辑　朱　萌
封面设计　李　宝
制　　版　张　凤
幅面尺寸　185mm×260mm
开　　本　16
字　　数　230 千字
页　　数　168
印　　张　10.5
版　　次　2020 年 9 月第 1 版
印　　次　2020 年 9 月第 1 次印刷

出　　版　吉林科学技术出版社
发　　行　吉林科学技术出版社
地　　址　长春市福祉大路 5788 号
邮　　编　130118
发行部电话 / 传真　0431—81629529　81629530　81629531
81629532　81629533　81629534
储运部电话　0431—86059116
编辑部电话　0431—81629520
印　　刷　北京宝莲鸿图科技有限公司

书　　号　ISBN 978-7-5578-7521-3
定　　价　98.00 元

前言

当代大学生是我国社会主义事业建设的主力军，其自身法律意识涵养状况对我国社会的法制化建设工作产生着重要的影响，关系着依法治国战略的深入化推进和实施。尤其是面对当今社会经济、文化、科技等的多元化创新发展现状，学生在法律意识淡薄的情况下，极容易走上不正确的道路，对学生未来的良好发展造成极为负面的影响。尤其是针对近年来不断见诸报端的有关高校大学生因法律意识淡薄而出现的自身合法权益受到侵害亦或是违法等事件的发生，更是不断刺激着我们每一个从事高校教育者的神经，要求我们积极重视大学生法律意识培育工作。在法律的规制作用下，通过大学生的自律和他律，来为学生的健康成长以及未来发展构建一个良好的外部环境。

随着我国近年来法治社会建设事业的不断向前发展，各个高校也逐渐认识到了对学生开展法律教育的重要意义，并将其纳入到当前教育事业改革发展计划中来，在此种情况下，我国大学生对法律知识学习的重要性也有了进一步的认识。但由于高校法律教育缺乏与学生实际生活之间的联系，因而使得学生难以将理论性的法律内容与自身实际生活联系起来，进而也就限制了学生法律观念的形成，不利于法律在学生生活中实际效用的发挥。尤其是当纠纷发生时，很少学生会第一时间想到拿起手中的法律武器来捍卫自身权益。与此同时，在新媒体的作用下学生获取信息的渠道逐渐拓展，在以权谋私、以钱买法、违法乱纪等社会不良违法事件的影响下，会对学生的法律信仰形成打击，造成学生对法律存在的质疑。

法律意识培育环境的营造不仅包括学校这一个小的环境，更包括了社会大环境。具体来讲，学校方面要积极构建法制化的校园文化环境，以此来对学生的法律意识予以感染和影响。如，构建完善的校园规章制度，并要求全校师生在严密的监督下予以贯彻实施，以此来彰显法律、规制的重要意义，使学生认识到法律面前人人平等，都必须从中自身职责出发，履行一定的责任和义务。同时更要，结合高校的校报、网站等宣传窗口，结合相关实际案例的评论，来加大校园普法宣传工作，并在校园中增设法律咨询服务窗口对学生的法律疑问予以解答，以此来在无形当中对学生的法律意识进行渗透式培育。

目录

第一章 法律与法制

第一节 法律·法制·法治

一、法·法律·法律信仰

（一）法与法律

在西方语言中，law 含有法、法律之意，有规则、规律等多重含义，其核心是正义（公平、公正）。亚里士多德认为，正义是指人们在社会关系中所产生的一种美德，城邦在正义的基础上衍生出法律，以判别人间的是非曲直。

西周金文中的“法”写作“灋”。灋即刑，与刑通用。灋由三部分组成：氵、廌、去。“平之如水，故从水；廌所以触不直者去之，从去。”汉代许慎《说文解字》。“廌”（zhi）为解廌，也称獬豸、独角兽，神话传说中似羊非羊、似牛非牛、似鹿非鹿的神兽。相传，它有辨别罪与非罪的本能，它用犄角顶谁，谁就是真正的犯罪人。

中国古代的法又与律通用。最早把“法”、“律”二字联在一起使用的是春秋时期的管仲，他说：“法律政令者，吏民规矩绳墨也”。又据《史记》记载，秦始皇灭六国，“法令由一统”，法“更为法律”。但总的说来，“法”、“律”两字是分开使用的，直到清末民初，“法律”才被广泛使用。

（二）法律意识与法律信仰

法律意识是公民对客观法律现象的主观反映，是人们关于法和法律现象的思想、观点、知识和心理的总称。法律意识包括相互联系的 3 个亚结构：①法律知识：具有认识功能的法律知识是形成公民法律意识的基础和前提；②法律态度：具有评价功能的法律态度，影响公民实施合法行为或违法行为的关键；③守法行为素养：具有调节功能的守法行为素养——抗诱惑能力、行为自控能力和良好行为习惯，是个体社会化成熟程度的反映。

法律意识教育的目的主要是培养公民知法、懂法、守法、用法的意识和行为，维护法律的尊严，以保障社会的正常秩序和公民的合法权益。法律意识不仅仅是人们对现行法律的观点、知识和心理态度，更重要的是人们对法律的信仰程度。“法律必须被信仰，否则将形同虚设”。法律信仰能够引领人们选择法律途径，预防、转化或解决社会冲突，同时也是法治社会秩序的精神支柱。

什么是信仰？《汉语大词典》的解释“对某人或某种主张、主义、宗教极度相信和尊敬，拿来作为自己行动的榜样或指南。”即：一方面，信仰是人们发自内心的一种笃信，使人们像教徒一样虔诚地信奉；另一方面，信仰使人们将其作为行为准则，甚至成为一种理所应当。信仰是一种神圣性的行为，这种神圣性决定了信仰对象的不可怀疑性。

什么是“法律信仰”？法律信仰是根源于人类对人性和社会生活的科学分析和理性选择，进而形成对社会法现象的信任感和依归感，以及对法的现象的神圣感情和愿意为法而献身的崇高境界。从心理学的视角看，法律信仰是社会主体对社会法的现象理性认识基础上产生的一种心悦诚服的认同感和依归感，是人们对法的理性和激情的升华，是主体关于法的主观心理状态的上乘境界。

苏格拉底把遵从和恪守法律的尊严看成人的美德，并且身体力行而成为雅典公民守法的典范。虽然不合理、不合情但却面对法的死刑判决，他放弃了在朋友帮助下越狱而苟活的机会，毅然决然地服从法律的制裁丢掉性命。他认为，正义的义务需要人们恪守“与他人达成协议，尊重他们的权利，并考虑到他们的利益”。作为雅典的公民，已经与国家签订了“神圣的契约”，是不能违背的。

公民对法律的信仰，首先，高度信奉法律精神；其次，将法律作为自己的行为准则。为什么人们信仰的是法律精神而不是法律本身？因为就信仰而言，越崇高越好，而法律是一个实实在在地存在，是一个不断发展完善的过程，必定存在不尽如人意之处。而法律精神，如人人平等、权利与义务对等等，更容易成为人们的信仰和自觉遵循。总之，法是崇高，而信仰的力量是无穷的。如果人们把法律作为一种信仰来相信、来崇敬、来遵守，毫无疑问，这个社会将会发展成一个高度法制的社会，将会极大接近人们理想中的社会。

二、法制·法制心理与法制精神

（一）法制与法制心理

法制一词，中外古今用法不一，含义也不尽相同：①泛指国家的法律和制度。②特指统治阶级按照民主原则把国家事务制度化、法律化，并严格依法进行管理的一种方式。这种意义上的法制与民主政治联系密切，即民主是法制的前提，法制是民主的体现和保证，只有使民主制度化、法律化，并严格依法办事，以确立一种正常的法律秩序的国家，才是真正的法制国家。

法制心理，广义的理解，包括立法、司法、守法和违法等方面的心理学问题；狭义的则主要指与违法犯罪心理相对立的守法心理问题，也称法制观念。从认识论的意义讲，法制心理是人脑对社会法律规范系统的主观反映。

是先有法制、法律、行为规范，还是先有守法意识？从社会意义上讲，先有意识，才制定法律法规；就个体而言，法制心理是一定社会法律、规则在头脑中的反映。有社会现实中的道德、法律规范系统的约束，才有遵纪守法心理的产生。所以，社会现实中道德、法律规范系统的存在是法制心理产生的前提和基础。

法制心理是与违法犯罪心理是根本对立的，对人们的行为具有调节、支配作用。人们只有用法制心理战胜违法犯罪心理，其行为才会顺应社会道德和法律的规范。法制心理逆反现象的出现，一是社会标识——认为是一种必然，如“为人不做官，做官都一般”；“常在河边走，哪能不湿鞋”。二是法制本身的缺陷，使得一些人有机会规避法律、违反法律和超越法律而为所欲为。他们一次次地成功，会更加轻视法律，更加肆无忌惮，同时，误导更多的人步其后尘。三是人们约束自身行为的方式发生了变化。市场经济条件下，必然涉及主体平等、等价交换，公平等问题，要求法律的健全和完善。但人们原有的观念、心理很难马上适应这种变化，原有的行为方式和新的行为规则之间的碰撞不可避免。四是人们自然利益加以调整而产生的社会现象。市场经济是一次社会的大变革。有体制的变革，也有人们的利益关系的调整。人们认可的是那些对自己有利的变革和新规则，对不利于自己的，或者自己还不理解的变革和规则就会怀疑、不满、指责。利益驱使是人们法制心理逆反的一个重要因素。法制心理逆反是消极的社会现象，它有损于法制的权威和尊严，这就要求立法要有成效，要有法可依，有法必依，违法必究。

（二）法制精神

法制精神是法制意识的核心，它的宗旨在于用法律限制和约束各种膨胀的社会张力，从而使人民的权利得到保障。法制中的“制”的含义不是制度，而应是制约，它包括法律规范的制约、法律秩序的制约、人民护法行为的制约。社会主义法制应包括法制精神，它是在以民主为核心价值的法律制度的基础上，用法律对公民和政府行为进行制约。人们在实际生活中是否遵守法律，在很大程度上取决于人们“意识到的责任”是否强烈。即越强烈，对法律越服从，产生违法行为的可能性就越小。

三、法治·法治国家·法治认同

（一）法治与法制

“法制”与“法治”都是法律文化中的重要内容，都是人类文明发展到一定阶段之后的产物。其中，“法制”是法律制度的简称，是一种社会制度，属于法律文化中的器物层面；“法治”则是一种与“人治”相对应的治理社会的理论、原则、理念和方法，是一种社会意识，属于法律文化的观念层面。与法治相比，法制是一种更正式、更稳定、更制度化的社会规范，更强调社会治理规则的普适性、稳定性和权威性。法治则更强调社会治理主体的自觉性、能动性和权变性。从法律的制定、执行到修改都必须按照法律本身制定的规则，人的能动性只能在法律规定的范围内发挥作用，而不能超越法律，这正是法治内在的本质要求。

“法治”思想可谓源远流长。从亚里士多德反对其老师柏拉图的“人治”观，提出法治观开始，经历了数千年的时间。“法治”是先秦法家提出的一种理想、主张和治国方略，但当时的法治观还不是现代意义上的法治，而是确定强调把法律作为“治国之术”。法治包含两重意义：已成立的法律获得普遍的服从，而大家所服从的法律又应该本身是制定得良好的法律。这就是说，所谓法治，即良法与守法的结合，具体体现在立法、执法、司法和守法各个方面。法治究竟离开我们有多远？怎样建设一个法治的国家、法治的社会？无法回避，也不容乐观。

历史地看，中国是一个缺乏法治传统的国家，中国传统社会是一个法制与人治相结合的社会。虽然中国缺乏法治传统，但中国的法制建设历史却是源远流长，是拥有人类历史上最悠久法律传统的国度之一。中国的社会控制体系是以人治为体，以法制为用。直到改革开放之后，才开始推行真正意义上的法治。十八届四中全会审议通过的《中共中央关于全面推进依法治国若干重大问题的决定》明确提出“依法治国”，这在党的历史上是首次。全会提出“建设中国特色社会主义法治体系，建设社会主义法治国家”的总目标；明确了全面推进依法治国的重大任务——“完善以宪法为核心的中国特色社会主义法律体系，加强宪法实施；深入推进依法行政，加快建设法治政府；保证公正司法，提高司法公信力；增强全民法治观念，推进法治社会建设；加强法治工作队伍建设；加强和改进党对全面推进依法治国的领导”。而这个总目标和重大任务的实现与完成，需要公民的认同与广泛参与。

（二）认同·法治认同

认同研究是社会心理学研究的一个重要领域，近年来，社会心理学研究者将社会认同理论运用于法律心理学的研究。公民的法律意识和法治认同，对于我国社会的进步与发展，具有重要的意义，应作为法律心理学研究的重要方向。

心理学意义上的认同（identity）一词最早是由弗洛伊德提出的。弗洛伊德认为，认同是个人或群体在感情上、心理上趋同的过程。埃里克森对认同概念做了进一步解释和阐述，并将“同一性”分成“自我同一性”和“集体同一性”。认同的本义在于确立归属，这也是多元情境中重寻安全感和集体感的需要。认同是社会行为意义的掌控，是个体成员社会化过程的完成，正因为认同涉及自我和他人、内群（in-group）和外群（out-group）的界定与划分，在全球化、多样化的今天，在国家乃至地方共同体的完整性受到挑战的时代，认同更是成了人们关心的热门话题。就中国而言，1997年的香港回归涉及到社会认同的寻觅，2008年的奥运会涉及民族认同的再现和重构，而今，法律、法治的认同更是成为人们关注的课题。

所谓的法治认同，是指公民对国家制定的良好的法律的普遍认可和接受，是公民通过实践经验和理性对法律进行评判，因法律顺应人们的价值期待、满足人的需要，从而得到公民的尊重、信任和愿意服从的过程。公民的法律法治认同，意味着对“良法”的认同，而非对“恶法”的认同。这就避免了在法治化进程中的“人治之法”，同时也避免了对法律的非理性化崇拜。

总之，法律是社会安稳、人们生活幸福的基本保障，这样的法律即为“良法”；依法行政、司法公正，加大执法的透明度，这样的社会才是法治的社会，才能得到公民对法治的认同，才能实现“建设中国特色社会主义法治体系，建设社会主义法治国家”的总目标。

第二节　我国民主法制建设法律

民生问题与老百姓的生活息息相关然我国社会中矛盾依旧尖锐。因此，民生法律制度的完备与修葺刻不容缓。这些问题的出现归根结底还是体制机制跟不上的原因，为了更好的保障民生权益，坚持法治化道路就成了重要环节，充分发挥法律规范调整利益关系，切实保障老百姓的合法权益。

一、完善民生立法的措施

首先，要坚持民主立法、立法为民的原则。提高民生法律体系建设质量，必须坚持透明原则，公开立法，通过各种渠道和程序保证人民群众的意见和建议能得到充分表达，尽可能多的听取老百姓的意见，集中民众的力量和智慧，使立法更科学、更民主化，使法律能够真正成为人民保护伞，全面的反映各种不同的利益需求。坚持立法为民，注意正确处理公权力与公民私权利的关系、行使权力与承担责任的关系，明确行政机关的权利范围，让行政机关受到法律的制约，使其严格按照法定程序走，这是用法律确保民生权利、保障民生建设的良法。

其次，要加强民生重点领域立法。要从人民最关心的问题入手，尤其是在涉及民生权益的领域以及产品质量等方面，都要作为立法工作的重要事项，尽可能多将涉及老百姓权益的方面纳入立法规划中来，努力把与民生有关的各种社会关系合理纳入法律调整范畴，使民生建设实现有法可依。

最后，重视法律的后续整理工作。我国的法律已经基本符合我国的国情，但在整体上一定是处于相对静止的状态，这难免会和动态的社会发展产生一些不相符的情况，有时候还会出现完全脱离的现象。这时候只有及时发现并改正与社会实际不相符合的情况，才能使法律体系继续沿着正确的方向发展，为维护人民合法权益提供强有力的后盾。我们应该进一步完善社会保障制度，如《就业促进法》的基础上，增加就业援助、城乡劳动力市场一体化等促进就业，特别是弱势群体就业的内容；在《义务教育法》基础上，明确建立向贫困地区和贫困人口倾斜的义务经费投入机制，确保贫困儿童能够接受享受义务教育；修改《劳动法》，增加农民工与城市劳动者同工同酬，享受与城市劳动者同等的权利的规定，增加对拖欠工资的用人单位进行行政处罚的规定，赋予劳动者在发生劳动争议后是选择仲裁程序还是诉讼程序的选择权等，提高民生法律的可操作性。通过修改、补充和解释工作，进一步提高法律的实际操作性，以实现法律对民生建设的保障作用。

二、加强监执力度推进特色民生建设

我国民生建设有法可依的问题已基本解决，但在民生法律的实施方面不容乐观，只有让法律法规被有效的使用和执行，才能真正发挥法律的保障作用，为此：

我国民生建设有法可依的问题已基本解决，但在民生法律的实施方面不容乐观，只有让法律法规被正确的使用和执行，才能真正发挥法律的保障作用，为此：

严格依法行政。针对行政执法中存在的滥用，错用的执法行为，习近平指出，行政机关要明确自己的责任，要对得起人民交给我们的权力，成为人民的表率，发挥好带头作用，依法行政。政府的大多行政活动都与群众利益息息相关，政府作为社会公共权力的行使者，只有依法行政，才能处理好因社会发展而出现的各种利益主体之间的矛盾关系，满足老百姓的各项要求，才能更好地保障民生权利。为此，我们要提高行政人员执法能力，严格政府的法定权限和权力行使程序，凡是涉法问题都要在政策出台前举行合法性审查。

严格公正司法。公正司法是保障民生权益的最后一道防线。司法最本质的功能就是对受到侵害的权利进行救济，对违法乱纪的行为进行处理，最大限度的维护受侵害者和合法权益。要使民生权益最好的得到保障，司法机关必须坚持司法为民，始终把司法活动的着眼点放在保障民生上，把重点放在人民群众现实中最普遍最现实最最需要的利益问题上。首先合法权益要受到各种主题平等保护的原则，恰当的处理各种主体的纠纷和矛盾，遵循实事求是的原则，用法律为武器的司法原则，做到分责明确合理有法可依，把人民的利益摆在首位；其次要拓宽上诉渠道，努力做到满足所有人民群众中的任何合法诉讼请求，为了使弱势群体利益最大化，要大力加强法律资助的力度这是维护法律平等的重要体现，保护弱势群体利益，使经济困难的群众能通过司法保护自身的利益。

严格法律监督。宪法和法律实行的情况也要逐步加强做到严格监督检查。在依法治国的道路上才能顺利开展各项工作，要使公民的合法权益得到保障保。依法加强对“一府两院”的监督，必须落实执法严谨、司法公平公正，提高司法公信力，才能使法律更加完善。为了使执法和司法各种错误从根本上减少，要督促国家机关中和在职人员在岗位上严格执法认真守法，确实保证在严密监督的制度下使所有公共权力得到透明合法的行使，切实保障民生在公共权力行使职能下的公平公正原则，必须加强和完善民生法律监督体系，把法律监督机制逐步完善起来，把法律制度逐步健全，法律监督逐步合理；国家权力机关的逐步加强完善法律监督制度、司法机关增强法律监督力度，加强和完善审计监督、行政监察、国家机关内部的行政层级监督机制，扩大人民群众监督法律实施的形式和途径，把广播、电视、报刊等媒体的监督作用充分发挥出来。通过构建全方位的监督网络促使国家机关认真履职从而达到实现民生、维护民生权益的目的。

第三节 法律信仰与法制现代化

当代中国法制正处于由“传统人治型的法律价值——规范体系”向“现代法治型法律价值——规范体系”的历史转型期。这一历史转变的实质乃是法制现代化的过程。法制现代化是一个变革的概念，标明着法律发展的一个特殊历程；同时，法制现代化又是一个整体性的概念，不仅包蕴着社会各法律制度要素的重构，而且还指法律文化价值观念的现代化。在社会法律文化系统各因素中，法的信仰是关键与核心，因而，研究法制现代化离不开对法律文化的全方位探讨，而在法律文化体系中，法的信仰问题无疑具有特殊重要的意义。

一、关于法制现代化的探讨

（一）“法制”与“法治”之辨析

“法制”是静态与动态的有机统一：从静态方面看，法制是指法律制度的结构，即规范、制度和体系；从动态方面看，它是指法律的实现过程，即法律调整过程及其后果——法律秩序。“法治”的基本特点是：社会生活的统治形式和统治手段是法律；国家机关不仅仅制定法律，而且其本身也为法律所支配；法律是衡量国家及个人行为的标准。“法制现代化”是静态与动态的统一，是法律制度的结构与法律实现的现代化，因此，“法制现代化”一词所表达的意思更为确切。

（二）法制现代化的内涵特征

蒋立山在《法律现代化——中国法治道路问题研究》中写道：“可以用从人治型的法律秩序向法治型的法律秩序转变来概括中国现代化的法治进程，简单说，就是从‘人治到法治’。”

吕世伦、姚建宗认为法制现代化的内容是十分广泛的，是一个多层次的概念。具体而言，法制现代化乃指一个国家或地区从法的精神到法的制度的整个法律体系逐渐反映、适应和推动现代文明发展趋向的历史过程。

公丕祥教授在1988年下半年由其牵头的《中国法制现代化的历史道路》课题研究中，始终注意这样三个问题：第一，认真把握中国法制现代化的概念分析工具；第二，在与西方社会法制现代化进程的比较分析中，深入考察近现代中国法制现代化的主要特点；第三，深入揭示中国法制现代化的运作机理。从1988年至2006年，公丕祥教授对法制现代化的研究不断深入，形成了较为系统的法制现代化理论并不断将其完善。

以上学者均认为法制现代化是一个包涵了人类法律思想、行为及其实践各个领域的多方面进程。法制现代化是一场意义深远的法制变革过程。因此，法制现代化首先是从事这一变革的主体自身的现代化，是把表现传统法律观念并以传统模式行动的人转变为具有现代法律意识和行为的人的广泛过程。

二、法律信仰的概念分析

（一）法律信仰的概念

“法制现代化是一个整体性概念，是一个庞大的社会系统工程。它不仅包蕴着社会各法律制度要素的重构，而且还只指法律文化价值观念或法律精神的现代化。”在社会法律文化系统各因素中，法的精神或法律价值体系的现代化是整个社会法文化系统现代化的关键和核心。因而，研究法制现代化离不开对社会法价值体系的全方位探讨，而在法的观念体系中，法的信仰问题无疑具有重要的意义。

（二）法律信仰对于实现法制现代化的重要意义

日本著名法学家川岛武宜认为：“法不是只靠国家来加以维持的……大凡市民社会的法秩序没有作为法主体的个人的守法精神是不能维持的。”无独有偶，美国著名法哲学家、法律史家伯尔曼则更为明确地指出：“法律必须被信仰，否则它将形同虚设。”由于对法的信仰，人们坚信人类可以依靠法的力量去实现人的价值，进而通过法找寻到可靠的安全保障，实现人和社会的终极目的，体验到人的价值、尊严乃至人生和社会生活的终极意义。

三、我国公民法律信仰之现状

在当代中国，法律执行难、法律实现效益低下的问题已经引起了人们的广泛关注，严重制约了我国法制现代化的发展。因此，在当代中国深入研究和大力提倡公民对法律的信仰，不仅具有重要的理论意义，而且富有直接的现实意义。进行广泛的法律意志品质教育，塑造中国人的法律意志品格，对于当代中国确立公民的法律信仰，推动中国法律文化的现代化具有特殊重要的意义。

四、我国法制现代化进程中的印记

（一）裁判文书公开制度

美国：2008 年，美国司法委员会通过了《关于开放案件电子档案的私人查阅和公开的规定》，要求所有案件的电子卷宗必须对外公开，方便查询，只有特定的刑事案件信息（如未成年人犯罪记录、陪审员信息等）不得公开。目前，联邦法院已经建立专门的“法院电子档案公开网”，方便公众查询法院案件信息。

香港：自 2008 年 8 月起，香港司法机构已把自 1995 年以来的具有法学价值的中文判决书连同其英文译本上载至司法机构网站，作为资料库中新增的分类资料。为了便于公众查询裁判文书，网站提供了两种查询办法：一是根据法院类型查找；二是根据案件编号快速搜寻。

我国：《最高人民法院关于人民法院在互联网公布裁判文书的规定》已于 2013 年 11 月 13 日由最高人民法院审判委员会第 1595 次会议通过，现予公布，自 2014 年 1 月 1 日起施行。最高人民法院在互联网设立中国裁判文书网，统一公布各级人民法院的生效裁判文书。

“裁判文书上网公开可以说是人们渴求公平正义的倒逼机制，即通过裁判文书公开，‘倒逼’法官提升素质，转变审判理念和审判方式，进而实现司法公正、提高司法公信力。”裁判文书公开制度是我国法制现代化进程中迈出的一大步，当然，这与我国公民法律素质的提高有着密不可分的关系，公民对于裁判文书公开的诉求、依法依规保障自己的知情权、监督权，奏响了司法公开最强音。

（二）对不作为认定和追责观念的转变

10月15至16日，中国行政法学研究会2016年年会在广西南宁召开。围绕“行政法重点问题：行政不作为、市场监管、行政检察监督”主题，本次会议设有“行政不作为法律问题”、“市场监管及其行政法问题”、“行政违法行为检察监督问题”以及“法治政府新课题”等四个议题。这是广大人民群众普遍关注的问题，对这些议题的研究和讨论有助于法治政府建设快速的推进，对全面推进依法治国，提升国家治理体系和治理能力现代化具有重要意义。专家学者们从行政法角度对此提出了全新的答复，回应了社会的需求。

我们认为，法律信仰是公民法律文化心理素质的有机整体系统，是法律知识、法律情感和法律意志的集合体，是现代法治国家公民法律文化精神的理性和激情的升华，作为一项伟大的社会系统工程，不是一蹴而就的，而是长期社会法律文化建设的成就在公民心理上积淀的产物，是各种社会文化和法律文化因素综合作用的结晶。因之，构造公民的法律信仰是现代法制建设中的一个重要环节，必须依靠全社会的共同努力，经过长期的社会和法律实践才能最终实现。只有这样，我们才能把法律信仰的研究奠定在现实的实证分析的基础上，从而自觉营造有利于公民法律信仰形成的良好的社会条件和法律环境。

第四节　法制教育培养学生法律意识提高“法制”观念

目前职业院校法制教育中仍有多种多样的问题，应增强职业院校学生接受法制教育的意识，建立健全科学的法制教育课程体系，提高法制教育。提出目前职业教育阶段在学生法制观念培养上存在的突出问题，并提出如何加强法制教育，提高职业院校学生法制观念。

一、法制教育课程存在的问题

（一）学校法制教育缺乏长期性

法制教育是学校一项艰巨而长期的工作，在进行法制教学时往往会忽视这一点，不能进行系统性的培训和指导，不能对学生进行持久性的理论和实践指导，这样就不能帮助学生培养起法律意识，不能养成法制意识。

（二）教师的教学计划不能和学生的学习实际结合

教师的法律教学计划最终要服务于学生的学习，教师对学生进行指导和教育时，应该与学生的学习实际情况进行紧密结合。在不合理的教学计划的指导下，法制教学的方向可能会与正确的方向产生偏差，这样不仅浪费了教师和学生的时间和精力，还会给学生造成一种错误的引导，让学生的学习难度加大，不能从学生的学习实际出发，学生从法律知识的学习中收获不到乐趣与成就感，学生的后续学习动力也会不足，这样反而不利于教师对教学计划的不断完善和优化，不能形成师生之间的良性循环。

（三）法制教育活动相对缺乏系统的配合

学校可以为学生准备形式多样的法制教育活动，学生可以根据自己的兴趣喜好，有区别选择的内容进行深入学习和研究，学生的学习效果会因为学生的法律知识储备不同，以及对知识的理解能力不同而有所区别。目前职业院校对于法制教育活动的支持和关注力度还不够，学校不能从宏观上正确掌控，学生的法制学习兴趣和热情就会受到一定的影响，无法达到法制教育的最终目的。

（四）教学方法单一

发挥多媒体教学的优势。有数据显示，在面对同一知识点的时候，教师采用口授形式进行教学，学生在两节课内理解度最多能达到55%；只让看学生能理解70%；如果听、看、说并用能理解90%，所以在教学中可以多种教学方法交互使用，开展多维教育教学。尤其是利用信息技术进行教育教学，例如微课法课程教学等。只有把教师、学生、教材三者有机结合才能产生最大的教学效果。

二、增强学生接受法制教育的意识

职业院校虽然已经开展了法制教育，增加了法制教育课程，但教学方法单一，经常是采取灌输的方法进行教学，缺乏生动形象的教育，使得当下职业院校法制教育效果并不理想。

职业院校要想得到社会各界的大力帮助，就务必把社会、学校、家庭这三方面有机结合在一起，只有相融后的法制教育才能促使学生开始独立思考，才找到正确的法制观与人生观。文化教育建设是法制观念实现的重要环节，特别是要加强与地方的相互联系和合作，不仅要提高学校的文化环境，更要净化学校周边的环境，清理学校周边的黑网吧、歌厅、台球室等，加强对学校网络的监管，坚决抵制黄色、暴力、邪教网站的传播，净化网络环境。从调查中发现，许多学生的坏习惯是在家里养成的，所以家庭教育环境的改善也至关重要，家庭环境是影响孩子的主要场所，一些家长的坏毛病很容易被孩子学到，所以学校要联合社会和家庭共建良好的法制环境，不断优化文化环境，保证学生能够顺利成长，为进入社会奠定牢固的基础。

（一）重视社会实践教育

社会实践教育是当下学生的重点方向，尤其对于职业院校的学生来说，实践教育尤其重要，学校依靠开展多种方式、内容多变的社会实践，例如，在学校宣传栏中加强对法制教育的学习和宣传，在学校广播中加强对法制节目的言传，在社会调查中加强法律知识调查，在组织集体活动时，注重加入法律元素，引导学生用心学习法律法规，用眼看懂法律现象，用脑去思考法律相关知识，用耳去听法律讲座。全面加强学生的法律知识储备，持续强化学生的法律意识，以实际活动和实践增强学生对于法律的认识和理解，不断提升学生主动学习和探索的实践能力，提升学生充分利用自身的学习主动性去挖掘实践资源，不断从身边的实践出发树立法制观念。

（二）确定统一的教学计划

首先，确定法制教育课程的设置，保证课程的实施。一方面要加强对法制教育课程设施的保障，另一方面要加强对于课程内容的保障，不允许法制教育课程被其他课程挤占，保证课程的保有量，保证学生的学习时间，进一步提升教学效果。其次，确定法制教育的计划。除了课堂教学之外，加强对校园法制教育的总体规划，全方位提升法制教育的能力和水平，引导法制观念深入人心，让学生能够在潜移默化中提升法制观念，自觉维护法律法规。提高职业院校法制观念工作走向正规化、科学化、系统化，提升职业院校在课程设置、制度保障上的能力和水平。应该做到从教学中确定法律知识教学提纲、教学内容等方面上都要达到标准化要求。注重法制教育课程中内容的真实性、真理性、指导性和针对性，要建立健全和完善学院所一直坚持的法制教育体系，并规划出具体教育内容及方案，并能保证到各个环节，因此在学习法律课程的内容时，要注重前后内容的互相融合，不断提升内容的贴合度。

其次，好的法律教材应该拥有法制中的严谨性、科学性，同时符合职业院校学生的认知情况，而教师也应该在开展教学前详细了解课文内容，为法制概念的讲解进行铺垫，对相应的知识点进行深入讲解，保证学生可以了解教材详细情况，也可以通过教材中配图对相关内容展开教学。

最后，加强实践教学。实践中主要体现在两个方面，一个是课堂实践活动，另一个是课外实践操作。其中课堂实践活动主要指的是教师在教学内容的理解下不断加强学生的主动学习和集体讨论，通过创设课堂实践活动，引导学生积极参与思考和讨论，增强学生学习的主动性和自觉性，不断通过实践活动获得更加直接操作的体验和知识；二是课外实践活动，课外实践活动是指课外自觉维护法律权威，积极保护自身法律权益，坚决抵制违法犯罪行为的活动，这是加强法制观念的深层次运用，是法律知识的操作和实践，是提升法制观念的最有效途径之一。

三、建立健全科学的法制教育课程体系

（一）加强校园法制文化建设

随着教育资源和教学手段的不断发展，利用新媒体解决传统教育中的不足是实现教育目标的有效手段，特别是新媒体的发展和壮大，各种学习资源都能够通过新媒体被学生获得，所以更要主动利用新媒体把正面、积极的法制思想传播到学生身边，不断增强学生对于法制知识的了解和认识，不断夯实学生的法律知识，不断培养学生的法制观念，用新媒体的形式，提高学生的兴趣，挖掘新媒体潜力，带动学生学习法律知识，是职业院校强化学生法制观念的举措与内容。

要加强课堂上师生相互交流相互了解，只有注重沟通才能更好地解决问题，通过教师与学生的沟通可以了解更多的教学中存在的问题，这种方法可以让教师与学生之间的距离逐渐减少。还应尊重学生的学习意愿，只有深入学生之中才能了解到学生的具体问题，只有用平等关系才能让学生更好的接受法制教育。至于教育教学方法可以采用案例教学方法和讨论教学方法，真实的案例有利于学生对这一问题的研究与学习，讨论可以让学生对这个知识点了解得更深，这样有详有略的进行讲解可以更快更好地培养学生法制观念。在针对几乎没有任何法律基础的非法学专业的职业院校学生时，其教学案例的选择想法和法学专业的法制培养观念不同，案例的选择应以职业院校学生日后工作及生活中所能涉及的案例为主，以此来激发起学生探索的兴趣。

（二）改革课堂教育形式

高效利用互联网资源开展法制教育教学，丰富法制课堂形式。虽然目前法制观念深入人心，但是职业教育的法制教育还处于摸索阶段，对于如何办好职业教育的法律教育配置课程一直是人们思想上的盲区，普通高等教育阶段法律教育体系相对健全，许多高效的教学方法较为成熟，而职业教育在法律教育上是对传统高等教育的教材压缩，没有充分考虑职业院校办学特色和学生的实际情况。职业院校的法制教育模式过于单一，无非是对传统法制教育课程的重复、延伸，因此生搬硬套，不能满足社会需求，职业教育和普通高等教育存在较大差别，其特点为满足市场专业技术的需求，所以在配置职业院校课程要加强与专业学科的结合，以其专业特殊性制定较为合理的教育教学计划。只有法制观念在学生心目中生根发芽，才能使法律基础课程教育目标在与职业院校的办学特色紧密结合的情况下得以全方位多角度的实现。

（三）注重相关学科间的相互渗透

不断加强学科之间的相互渗透，是保证法制观念落到实处的关键，通过不同的学科渗透，能够将法制观念贯穿于整个学习过程，从而深化法制教育，增强法制观念主要注意以下几点：首先，加强法律知识在各学科之间的相互串联。通过在不同的专业学科中加入了法律知识，一方面能够提升学生对法律知识的了解，深化法制观念；另一方面，能够加深自身接触到领域范围的法律知识理解，提高懂法、守法和用法能力。其次，在职业生涯规划中，不断强调法律知识。职业生涯规划不仅是引导学生选择未来工作岗位的重要课程，还是未来择业的法律知识积累。最后，加强课堂意外的法律知识学习，在不断加强课堂教学之后，学生的主动性和自觉性都明显提高，学生在平时生活中也要不断加强实践和法律知识的积累和运用。对侵害自身权利的举措要坚决制止，要积极维护自身正当权益，不断维护法律权威，不断增强自身的法律修养，不断维护国家法律，坚决抵制违法犯罪行为。

第五节　法律移植与法制发展的伴生关系

法制现代化是法制发展的必然产物，源自西方、以西方相关标准为参照。认识源于人类的经验和理性，据人类的传统经验判断，法律移植与社会发展贯穿于人类的法律与社会发展史。法律的转型是必然趋势，而中国具有与西方不同的法治传统，面对全球化的迅速推广，中国的法制现代化历程只能是一种不断地进行法律移植和变异更新的过程，也就是说，法律移植与中国的法制现代化具有一种伴生关系。

一、法律移植与中国法制现代化的固有文化背景

我国的法律移植始于近代，强悍的西方列强用船舰利炮打开国门，从此中国不再是世界体系的绝缘体，卷入了世界殖民主义体系。虽然也还是被分割的角色，但是它已经硬生生的与世界接轨了，联系与伴生就是这样产生的，在此之前，我国的法律延续着封建专制主义法律系统。《唐律》所带来的农耕文明是统治了许久的典型法律体系，这样的体系除了在我国实行以外，也深刻地影响了东南亚各国，当时的影响是根深蒂固，法律观念和法律制度在悄然的浸染着法制的发展走向。

中华法系是以儒家思想为核心的，孔孟的儒家思想已经深入到中国传统法律的灵魂中，儒家的礼是国家法律的根本之道，法律的核心作用就是维护皇权统治。这种法律体系有以下几个显著特征：一是以礼治国。其所反映的乃是建立在严格的宗法结构基础上的等级森严的社会政治伦理秩序体系，反应的是以宗法家庭为本位而非以个人为本位的价值体系关系。二是强调道德的促进作用，道德是制约行为的重要缰绳和最低防线。三是专制王权。封建宗法等级制度是尊卑有序的，这种三六九等的级别，更加稳固了统治与被统治的界限，法律文化的移植和变迁直接体现在制度的制定中。

中国拥有五千年的灿烂文明，当今世界，法制理念推陈出新，法律制度之间的差异，已不仅仅体现在方法和技术上，在法的时代精神和价值理念上也有了巨大差异。传统与先进，发展和滞后，观念的差异直接影响到了法律的构建和实施。

二、当今中国法律移植过程中存在的问题

当今的法制现代化建设尚处于发展阶段，法律移植在市场经济法制建设中具有不可忽视的重要作用。因此，成功地移植现代发达国家的先进的法律，加快立法步伐，促进法律的健康发展，是我国实现法制现代化的一条捷径。但是，现实中法律移植具有复杂性，还存在许多亟须解决的问题，本节略作浅析。

法律制度本身的不可兼容性。法律制度是相对独立的，世界上不可能存在两国完全相同的法律制度。具体问题具体分析的哲学理论指导意义是亘古不变的，任何体制的嫁接都有一定的排异性，就像果枝的嫁接也有着一定的机缘性。但是理论的推导并不能代替实践，法律制度的产生大多都是本土滋生的，盲目的照抄照搬只会事倍功半，自身环境的差异决定了同一制度的实施具有不同的实际效果。本身的复杂性决定了推陈出新的重要性。

法律移植结合的粗糙性。法律的移植是基因的嫁接，携带着外来色彩的植入，与本土的粗糙结合不仅不能产生促进法律发展的预期效果，还带来了诸多的社会问题，比如对移植后法律体系的不明确，或者较大差异的反差，外来的法律规则和运行方式在中国本土进行理解、转化和再吸收的过程是不容忽视的，直接决定了移植的效果。法律移植需要一个完整的过程，不可以大跃进，更不可以急功近利，必须循序渐进的，分阶段分步骤的有条不紊地进行。

法制新型化人才的欠缺，观念不能及时更新。法律的移植需要一批高素质的法律人才身先士卒，通过对先进国家的法制进行系统学习和掌握并且充分吸收再进行国内传播和实践。技术的交流和传播，人才起着举足轻重的作用，同样，法制的创新也需要更大一批的法制研究者做好“走出去”和“走回来”，加强法律文化的交流和融合是各国法律发展和法制现代化的重要一环。

三、做好法律移植的几点建议

法律移植是社会主义建设的需要，从经济建设、法制建设、理论研究层面看法律移植是社会主义市场经济建设的必然过程，是我国法律现代化的有效途径之一。在移植的过程中，并非是完全地照抄、照搬，而是有选择地吸收和借鉴。

在研究、比较的基础上进行有选择的移植。在移植之前，有必要对输出国及输入国（本国）的法律进行研究，首先研究本国的法律在该领域的实施现状，是否需要移植，以及应该移植何种类型的法律，其次是研究输出国的法律形成过程及最终的社会效果；接着还要对比两国的实施环境差异，情况相似，国情雷同的土壤才可以移植尝试。因此，在法律移植问题上应采取具体情况具体分析，坚持普遍性与特殊性的统一。影响法律移植效果的因素是复杂的，如自然状况、地理环境、政治体制、经济结构、民族意志等都会对移植效果产生影响，所以法律移植是一个多种因素综合性地互动的过程。经验主义与一刀切，都是不可取的。

法律移植应遵循循序渐进的原则。整个法律体系犹如一座“金字塔”，其底层是法律理念、精神及原则，以及赖以生存的法制环境，然后逐级向上是部门法以及实施细则和法律规范。依照各自的角色对号入座，恰当的找到在输入国的最佳位置并充分发挥作用，并不至于影响整体的结构。是需要运用技巧来经营和运行的。这就要求，在移植的时候应该循序渐进，不能急于求成，金字塔的稳固是移植的最终追求。

以政治为高度，以经济为基础。我国的政治被牢牢地控制在中央政府手中，高度集权和一元化是其主要特色，对于中央政府的规章和政策只能执行。因此，中国的法律移植始终站在政治的高度，并以经济发展作为基础。经济基础决定上层建筑，很多固国安邦的政治理论都是多年政治探索验证的结果。有关市场经济一般规律的法律法规,如市场主体、构成要素、市场活动、市场调控等规定,在经过筛选之后都可以将其发展完备的部分吸收到我国当代社会主义法律体系建设当中,但参考和实施的过程中必须以本国的实际环境和政治气候为重要参考。法律是服务于政治,并通过政治发挥作用的,站在政治这个高层角度宏观把握才能纵观全局做好大局谋略。

社会公共事务稳健发展,为法律移植保健护航。公共事务职能是国家执行的重要职能之一,执行是核心角色,法律作为规定国家各方面行为的规范,是国家必不可少的组成部分。公共事务包含交通、环保、城市建设、社会保障等方面,社会组织和社会人才的驱动是新型法制推广的重要推动力量。政治、经济、社会公共事务是社会的三大支柱,就像公安局、检察院和法院的协调配合一样,任何一项的差池和失误都极有可能将法律移植的效果推向万丈深渊,万劫不复。打前阵做先锋,与保安全做后盾都是决定性的,环环相扣,相映生辉。切不可捉襟见肘,顾此失彼。

法律移植在客观上促进了人类法律文化的交流和沟通,法制文化的融合与推陈出新是法律发展的重要途径,进而在一定程度上推动了法律发展的国际化趋势。中国当下的法律移植只是部分的移植,部分的移植相对而言更容易一些。中国当下仍然经历着由市场经济体制确立和发展所引发的一系列改革,社会的各个领域和社会关系的各个方面都在发生深刻的变化。当前我国的经济体制改革和政治体制改革正向深度展开,与此同时,法律制度的安排也在发展和创新。自从有了相互便利的交往,移植成为一种普遍现象并成为了一项重要的理论命题,而任何一项命题都是在争鸣中由模糊走向明确和具体。法律移植作为一项重要的法理命题,在以前是、现在是而且以后依然是伴随着法律移植现象存在而又常论常新的命题。

第六节 法制社会公民法律意识的培养与塑造

伴随我国经济社会不断发展,法制社会建设大步前进,法律法规不断完善,对公民法律意识培养提出更高的要求。依法治国作为我国重要的治国方针,是公民法律意识提高的重要推动力,直接影响公民法律意识的培养,公民法律意识的高低直接影响法制社会的发展。本节通过对我国目前公民法律意识现状进行阐述,进而提出法治社会下公民法律意识的培养途径。

法律意识是人们对法律知识所呈现的一种心理态度,是公民在长期生活于法治社会所形成的意识形态,公民法律意识的塑造是法制社会进一步发展不可或缺的内在力量。伴随我国社会主义现代化进程的不断推进,国家越发重视对公民法律意识的培养，公民良好的法律意识也能推动我国社会主义建设的不断加快，是对我国整体法制水平一种有效的衡量。

一、我国公民法律意识培养现状

（一）社会主义法律意识整体较弱

就目前来说，我国公民社会主义法律意识相对薄弱，并且片面性较强。尽管随着我国法制社会的不断推进，很多公民的法律意识开始走向社会主义法律意识形态，但是还存在大量的公民对法律的认识度较低，当碰到具体法律世界的时候，很多人不能做出正确的评价。法制社会的建设，可以很好地从外部对人们的各种行为进行相应的约束。但是抛开主观看客观，公民的主观意识需要与外部力量进行很好地融合，这样才能从根本上促进公民法律意识的提高，加快推进传统法律意识离开历史舞台的速度，推进我国法治社会的健康发展。

（二）宪法认识不足，法律整体意识片面

第一，很多公民对我国宪法并不能很好地认识，只有很少的公民对宪法的内容有所解读了解，大部分公民只知道宪法是我国根本大法，就其实际内容缺乏足够的了解，甚至有一部分公民并不知道宪法作为我国根本大法的地位。第二，公民对法律整体意识存在严重的偏激现象，大部分公民仅仅具备较好的刑法意识，因为其与刑法直接相关。因此，对其他法律认识的缺乏，就不能很好地保障其自身的合法权益，法律的存在就失去了它本身的作用，法治社会的建设步伐被严重延缓。

（三）青少年法律意识较薄弱

在我国公民中青少年占据较大比例，法律意识的养成需要从小开始，但是我国青少年法律意识相对比较薄弱，这就严重影响法制社会的构建。根据统计资料可以发现，我国未成年法律数据不断增长，并且其犯罪的类型也呈现多样化。青少年作为国家未来发展的主干力量，法律意识的缺乏导致其走线社会的低端，这样不仅损害其自身发展的，而且影响其家庭和谐，最终阻碍社会稳定发展，法制社会建设步伐进一步延缓，影响我国社会主义现代化建设发展。

（四）公民对现行法律总体上持肯定态度

尽管我国公民法律意识相对较弱，但是公民对现行法律总体呈现肯定的态度。社会精神文明健身作为我国社会主义建设的基础，国家对精神文明建设得重视度不断加大，公民法制观念也开始扎根于其思想发展中。分析我国目前社会主义法制建

设现状，公民对法律的颁布及运行总体呈现肯定的态度，社会主义法律意识在公民思想上占据了主体地位，越来越多的公民开始关注各种法律，而不只是对刑法进行关注，尽管面对具体的法律问题，公民的评价既存在理性的一面，又有感性的一面，但是对于法律的认识基本是认可的。

二、法制社会公民法律意识的培养途径

（一）继续推进我国法制建设

法制是法律关系的具体制度，是国家采用法律进行国家治理的重要形式，法治需要根据具体的法律制度进行执行，因此，对于我国法制建设来说，其对推动社会发展起着重要的促进作用，其不断地完善能够推进社会稳定发展。法制建设的推进，需要对现存的法治体系进行健全，这样才能实现依法治国的目标。首先，要进一步完善立法环节，将更多关系公民利益等方面的法律事实进行立法。其次，要更加重视法治体系构建中的重要环节，对法治体系重点环节的进一步完善，是构建法制社会的根本力量。再者，要进一步提高执法人员的整体素养，法律的有效执行，需要人起到主导作用，因此，执法人员素质的高低直接影响法律执行的效果。最后，加强法律制度的监督环节。立法执法环节需要人员的监督，这样才能保证法律制度的健康推进。

（二）加强普法宣传与教育

公民法律意识的培养途径多种多样，而法制宣传教育是最直接有效的方法之一，通过法制宣传教育，可能让公民实时有效的了解法律的变化。首先，相关法律部门可以通过对法律知识进行文本式的发放，让公民可以自己进行学习，提高公民主动学习法律知识的意识。其次，相关政府部门可以通过在广告栏里进行法律文件的粘贴，让公民可以随时随地了解法律动态，公民可以在阅读招聘广告等内容的时候随时阅读法律相关文件。再者，法律部门可以设置一些专门的法律咨询机构，免费供公民进行具体法律事件的咨询，从而更好地提高公民自助学习法律的意识。最后，政府部门可以定期进行一些法律知识方面的活动，积极引导公民参加，从而对法律进行更好的宣传，提高公民的法律意识。

（三）加大执法力度，优化部门工作作风

法律执行效果直接影响公民对法律的认识，由于一些机关部门工作作风不良，导致法律执行欠公平，这样就间接地导致公民对法律持怀疑的态度，公民主动学习法律的意识被削弱，影响了公民法律意识的塑造。因此，国家不仅需要从基层公民身上

渗透法律，也需要对上层执法部门进行严格约束，促进其执法公平公正，保证执法人员依法行事，这样才能从根本上对公民的权益进行有效的维护，也提高了公民学习法律知识的积极性。除此以外，还需要加强公民监督权的实施，从而促进执法人员形成良好的工作作风。

公民遵纪守法可以促进社会经济的稳定发展，随着国家对法治社会建设步伐的推进，公民法律意识的培养尤为重要。要通过多种措施，不断加强公民法律意识培养，从而保证我国法治社会建设的推进，为人们营造一个良好的生活环境。

第七节　慈善信托监察人：法制发展、法律定位与规范重构

慈善信托监察人法制可溯源至离岸信托法和美国法中的信托保护人以及日本和中国台湾信托法相关规定。从2001年《信托法》到2016年《慈善法》，我国慈善信托监察人法制发生重大调整，在慈善信托治理结构中，信托监察人是为了受益人的权益，作为委托人的辅助人，对受托人予以监督。《慈善法》削弱《信托法》中信托监察人和民政部门的监督，导致慈善信托的治理结构失衡。我国应当通过司法解释、行政法规和部门规章及慈善信托示范文本的制定，重构慈善信托监察人的设立、选任与变更、职权与权利、义务与责任等法律规范。

慈善信托受益人具有不特定性，以致传统信托治理结构失衡，引发受托人的代理问题，慈善信托立法因此引入信托监察人，以重建均衡稳定的治理结构。2001年《信托法》针对公益信托设立信托监察人，2016年《慈善法》则对慈善信托及其信托监察人规范予以重大调整。笔者认为，《慈善法》关于慈善信托的规定没有解决《信托法》中公益信托存在的问题，甚至降低设立门槛的立法导向，可能加剧慈善信托的委托代理风险，《慈善法》所确立的慈善信托法制存在更多问题亟待解决。笔者拟考察慈善信托监察人的法制发展，运用历史分析法和比较分析法探讨信托监察人立法的规律。通过对慈善信托治理结构的分析，阐明信托监察人与委托人、受益人、受托人及信托监督机构的关系，进而明确信托监察人的法律地位，在此基础上，笔者尝试重构我国慈善信托监察人的设立、选任与变更、职权与权利、义务与责任等法律规范。

一、慈善信托监察人的法制发展

（一）域外慈善信托监察人的法制发展

为有效督促信托受托人履行信托义务，在20世纪70年代的英美离岸信托实践

中开始以信托文件方式设立信托保护人，这成为信托监察人制度的雏形。随着这一做法的普及，英美信托法逐步将信托文件关于信托保护人规定吸收为法律规范，并且不限于离岸信托的适用。美国统一州法委员会全国会议（National Conference of Commissioners on Uniform States Laws，NCCUSL）在 2000 年制定《美国统一信托法典（Uniform Trust Code）》，其中第 301 ~ 305 节创设代表人（Representation）制度，规定下列要件：受益人尚未出生或尚未确定；受益人自己无法行使权利或难以采取保护权益的手段；为解决《美国统一信托法典》所定有关受托人的资讯提供义务、受托人对受益人的通知或取得受益人同意、诉讼外和解等信托管理问题。此外，《美国统一信托法典》第 808 节的评论中出现了信托保护人条款，明确指出“信托保护人”这个术语广泛地用于离岸信托实践，通常被赋予较大的权利，有时包括修改和终止信托的权利，以及第 808 节（b）款和（c）款可以适用信托保护人。其中第 808 节（b）款还赋予一个人（系信托保护人）有权指示受托人的某些行为，信托受托人应当遵守信托保护人的指示，“除非试图的行为明显违背信托条款规定或者受托人知道试图的行为将严重违反对信托受益人的信义义务”，受托人在遵守信托保护人的指示前须履行一个“最低程度的注意义务”，而“指示权”是一种信义。

日本是亚洲最早引入信托的大陆法系国家，其信托立法坚持单一所有权，不承认英美法系的受托人和受益人相互制衡的双重所有权，加之日本司法亦缺乏英美法系下自由裁量较大的平衡法则，为克服此种“先天不足”，日本信托立法参考英美法系信托保护人规范创设信托管理人、信托监督人、受益人代理人等一系列与信托监察人类似的制度。这些规范被视为日本创设的、独特的划时代的制度，引起大陆法系和英美法系国家的广泛关注，甚至出现信托法移植的逆进口现象。韩国信托立法采取与日本《信托法》类似的规定。1995 年中国台湾地区《信托法》主要以日韩信托法为本，参酌英美的信托法原则而制定，其中将日本《信托法》“信托管理人”改为“信托监察人”。依据台湾《信托法》第 52 条第 1 款规定，“受益人不特定、尚未存在或其他为保护受益人之利益认有必要时，法院得因利害关系人或检察官之申请，选任一人或数人为信托监察人，但信托行为定有信托监察人或其选任方法者，从其所定”，此外第 75 条规定，“公益信托应置信托监察人”。

（二）我国慈善信托监察人法制的发展

大陆 2001 年《信托法》明显借鉴日本和中国台湾地区相关立法经验，采取公益信托监察人强制设立模式，并且予以规范。实践中，亦出现“长安信托 5·12 抗震救灾公益信托计划”“百瑞信托·郑州慈善（四川灾区及贫困地区教育援助）公益信托计划等事例。2016 年《慈善法》则创设慈善信托委托人自行决定设立监察人的新模式，并且对信托监察人规范予以重大调整。相关法制改革被视为“点亮我国慈善信托的灯塔”。

比较《信托法》和《慈善法》，信托监察人的法制变化主要包括以下：慈善信托（公益信托）监察人从应当设置转变为委托人自行决定，相应地取消管理机构的补充指定权；因应慈善信托（公益信托）设立批准制向备案制的转变，民政部门的年度核准变为接受报告，相应地取消信托监察人的认可，但清算报告是否须信托监察人认可并不明确；慈善信托（公益信托）监察人维护利益的主体范围从信托受益人扩展到包括信托受托人；慈善信托（公益信托）职权范围受到限制，即事项范围限制为针对“受托人违反信托义务或者难以履行职责的”，职权行使方式从“提起诉讼或者实施其他法律行为”限制为“应当向委托人报告，并有权以自己的名义向人民法院提起诉讼”。

二、慈善信托监察人的法律地位：基于慈善信托的治理结构

关于“治理结构（Governance）”存在制度安排说、相互作用（或关系）说、组织结构说、决策机制说、手段说、合约或治理说、监督与控制经理说等不同认识。就公司治理结构而言，在经济学上，“公司治理结构是一组公司的合约安排，它必须满足两个约束，第一个是参与约束，又叫个人理性约束。这个约束的目的是为了使投资者愿意投资，经营者愿意成为投资者的代理人，也就是说，投资者和经营者愿意结合起来组成一个企业。第二个是激励相容约束。在这个约束下，投资者有积极性选择和监督经营者，经营者有积极性为投资者创造价值。”在法学上，公司治理结构是“一组调整公司内外各相关利益主体的法律关系、法律规范的总称，其根本目的在于试图通过这种法律制度安排，以达到相关利益主体之间权力、责任和利益的相互制衡，实现效率和公平的合理统一。”近年来，经济学、管理学上治理结构研究向政治领域回归，向社会领域拓展，形成公共治理结构、社会治理结构等概念。治理结构或治理机制已经成为社会科学领域普遍适用的概念，以法学角度而言，治理结构被泛指为“各个利益相关主体之间的权责配置及相互关系。”

信托关系亦可以采纳治理结构的分析框架，一般的信托当事人包括委托人、受托人、受益人，因此信托的治理结构就是信托委托人，受托人，受益人的权利、义务、责任及彼此制衡关系。基于慈善信托特殊性，慈善信托的治理结构还须纳入民政部门、信托监察人，因此需要结合《慈善法》《信托法》分析慈善信托的治理结构，进而确立慈善信托监察人的法律地位。

（一）慈善信托委托人与监察人的关系

委托人是信托的创设人，即将自己的一定财产委托给受托人而设立信托的人。按英美法系的观点，信托生效后，委托人即丧失信托财产的权利和利益，除非信托文件或法律明确规定，委托人与受益人、受托人之间不再发生任何法律关系，亦不享有与信托实施有关的任何权利和义务，即委托人自信托设定以后便脱离信托。但是，日本及我国信托立法则认为，虽然委托人在信托生效后不再享有信托财产的管理处分权和收益权等财产性权利，但信托毕竟为委托人设立的，目的是为实现委托人的意愿，信托的实施与委托人仍存在密切利害关系，因此赋予委托人较为广泛的权利，委托人的权利依据其发生依据分为法定权利和保留权利。依据《慈善法》《信托法》，委托人的法定权利包括：知情权；信托财产管理方法调整的要求权；信托财产损害的救济权；受托人解任权；辞任同意权和新受托人选任权、信托解除权；受益人变更权和受益权的处分权；信托财产或信托受益权的归属权；信托监察人的确定权。委托人的保留权利是指委托人通过信托文件在信托关系中为自己保留的权利，主要包括：信托解除权的保留；受益人变更权或受益权处分权的保留；受托人解除权的保留。从信托设立至终止，委托人的法律地位都不容忽视，委托人权利以保护受益人、信托财产为主要内容，上述权利主要是对信托特别是受托人的监督权。

在慈善信托中，信托监察人被视为委托人的“看门狗”，监督受托人，确保委托人信托目的的实现。《慈善法》对此予以强化：关于信托监察人的确定，取消《信托法》第 64 条第 2 款的管理部门补充指定权；第 49 条第 2 款明确提出维护委托人的权益；第 49 条第 2 款要求信托监察人发现受托人违反信托义务或者难以履行职责的，应当向委托人报告。

（二）慈善信托受托人与监察人的关系

受托人是信托关系不可欠缺的核心要素，处于控制、管理、处分信托财产的中心位置，其行为的成败得失直接关系到信托目的能否实现。受托人具有双重法律地位：其一是作为信托财产的受托人地位；其二是和信托财产无关的受托人个人地位。基于前者地位，受托人为履行其管理信托事务、实现信托目的的职责行使的职权，既是一种权利，又是一种义务，或被称为他益权，主要包括：信托财产的名义所有权；信托财产的管理和处分权；信托财产不当强制执行的异议权；代表信托起诉权和应诉权。基于后者的地位，受托人因为提供信托管理服务而自身享有的权利，属于一般民事权利，可以放弃，亦可以通过信托文件予以约定，或被称为自益权，主要包括：（1）报酬请求权；（2）补偿请求权；（3）受托人的辞任权。为确保受托人有效实施信托，实现受益人利益或信托目的，各国信托法均以受托人义务为立法重点。依据《慈善法》《信托法》，受托人应当履行以下义务：（1）依照信托文件处理信托事务的义务；（2）忠实义务；（3）谨慎义务；（4）分别管理义务；（5）亲自管理义务；（6）记录、报告和保密义务；（7）支付信托利益的义务；（8）清算义务。

信托监察人是信托受托人的“监督者”，《慈善法》第 49 条第 2 款规定，“信托监察人对受托人的行为进行监督，依法维护委托人和受益人的权益。信托监察人发现受托人违反信托义务或者难以履行职责的，应当向委托人报告，并有权以自己的名义向人民法院提起诉讼。”在此意义上，我国《慈善法》《信托法》使用“信托监察人”而不是日本信托法的“信托管理人”，名副其实。

（三）慈善信托受益人与监察人的关系

受益人是委托人设立信托时意图给予利益的人，是享有受益权的人。受益权包括财产性权利和非财产性权利。前者是受益人享受信托利益的权利，是信托受益权之目的性权利，因为信托的目的即是为了使受益人能够享受信托利益，主要包括信托存续期间信托利益的分配权和信托终止时信托财产的归属权；后者不以受益人直接取得经济利益为内容，乃是工具性权利，主要是监督受托人尽职管理的权利和确保信托顺利实施的权利，权利行使可以为单独方式，亦可以与委托人共享方式。

无论是《慈善法》第 3 条，还是《信托法》第 60 条，私益信托与慈善信托（公益信托）的主要区别是信托的目的，但在学理上，二者关键区别点是受益人是否特定。依据《信托法》第 11 条第 5 项，受益人或者受益人范围不能确定的，信托无效，换言之，私益信托一般要求受益人确定或可以确定。慈善信托（公益信托）则被认为是受益人原则的例外，即受益人必须是不特定的。受益人在行使财产性受益权时，将从不特定状态转为确定状态，但不特定的受益人无法或难以行使非财产性受益权，以监督受托人履行信托义务，信托监察人正是为弥补此项问题而创设的制度。因此，信托监察人被视为受益人的“保护人”，《信托法》第 65 条“为维护受益人的利益”及《慈善法》第 49 条第 2 款“依法维护委托人和受益人的权益”。

（四）慈善信托监督机构与监察人的关系

为解决慈善信托（公益信托）因受益人不特定性所引发的受益人监督困境，各国普遍建立针对慈善信托的外部监督机构。在英美法系，法院的衡平法则运用在慈善信托外部监督中占据重要地位，此外亦建立一些特殊制度。例如，英国慈善委员会（Charity Commission）对慈善信托予以较为广泛的监督管理，又如美国加利福尼亚州总检察长以“公共利益保护人”身份，通过登记、调查权、知情权尤其诉权行使保护慈善信托受益人的合法权益。在大陆法系，主要依赖慈善信托主管部门的行政监督，例如《信托法》上的有关公益事业的管理机构、《慈善法》上的民政部门。

依据《信托法》，有关公益事业的管理机构对公益信托享有设立批准权、报告核准权、辞任批准权、检查权、信托文件变更权、近似原则适用权等广泛的权力，相应地，有关公益事业管理机构可以补充指定监察人以及报告核准前监察人的认可要求等。在某种意义上，信托监察人不仅是委托人的“看门狗”，还是公益事业管理机构的“看门狗”。《慈善法》严格限制民政部门的行政权力，慈善信托设立的批准制变为备案制，年度报告的核准制变为备案制，相应地，民政部门无权制定信托监察人，信托监察人亦不再是民政部门的“看门狗”。

（五）慈善信托监察人的法律地位

依据《慈善法》，信托监察人在慈善信托治理结构中不再是民政部门的“看门狗”，而是委托人的“看门狗”，是受托人的“监督人”，以保护受益人的合法权益。但是，《慈善法》中慈善信托监察人法律地位的逻辑前提是第 49 条第 2 款“依法维护委托人和受益人的权益”，即委托人与受益人的利益一致性。委托人与受益人的利益一致性固然为信托的常态，但冲突亦存在可能。慈善信托（公益信托）由于受益人不特定性，以致受益人监督权行使寸步难行，所以受益人与委托人的权利行使冲突可能不会发生，但二者利益冲突仍客观存在。在此种情形下，第 49 条第 2 款“依法维护委托人和受益人的权益”的逻辑前提即存在问题，信托监察人面临受益人“保护人”和委托人“看门狗”的角色冲突。

委托人和受益人权利冲突在英美法系一般亦不会出现，因为英美信托法赋予委托人在信托有效成立之后较少，主要由受益人行使对受托人的监督权。在慈善信托（公益信托）中受益人监督权缺位时，则有法院、特殊机构予以补位。东亚大陆法系国家在信托立法中拔高委托人地位的做法源自 1922 年日本《信托法》，是大陆法系按照合同理论和物权法逻辑生硬继受信托法的必然结果。2007 年日本《信托法》修改，减少委托人的法定权利，并且对约定保留权利的范围设定界限，此种信托立法的理性回归可以为我国信托法制建设的参考。综上所述，笔者认为，《慈善法》第 49 条第 2 款“依法维护委托人和受益人的权益”并不准确，建议回归《信托法》第 65 条“为维护受益人的利益”的表述。鉴于《慈善法》刚刚施行，短期内无法修改，建议法院在依据《慈善法》第 49 条第 2 款诉讼中确立受益人优先保障的司法理念。换言之，信托监察人不应是委托人的“看门狗”，应当为委托人的“辅助人”，并且信托监察人的受益人“保护人”的角色优先于监察人“辅助人”的角色。

三、慈善信托监察人的设立、选任与变更

（一）慈善信托监察人的设立

关于信托监察人的设立存在以下立法模式：（1）建立统一的信托监察人法制，但未强制慈善信托（公益信托）设立监察人，例如日本《信托法》；（2）建立统一的信托监察人法制，并且强制慈善信托（公益信托）设立监察人，例如台湾地区《信托法》；（3）未建立统一的信托监察人法制，但强制慈善信托（公益信托）设立监察人，例如我国《信托法》；（4）未建立统一的信托监察人，并且授权慈善信托（公益信托）委托人自行决定设立，例如我国《慈善法》。

如上所述，慈善信托的受益人不特定性，以致受益人监督权难以有效行使，因此通过信托监察人、信托外部监督等制度以加强对受托人的监督。《慈善法》对民政部门的批准、核准等监督权力被取消，以降低慈善信托的准入门槛、减少行政干预，同时亦改变信托监察人的强制设立为委托人自行决定，对信托监察人监督权行使条件和方式予以限定。总体而言，对受托人的监督被弱化，虽然委托人仍然保留强力的监督权，但存在治理结构失衡之虞。一旦我国《信托法》顺应信托立法趋势，改变“委托人中心”主义的立法模式，须重构对慈善信托受托人的有效监督。因此，笔者认为，我国慈善信托立法应当建立统一信托监察人法制，并且强制慈善信托设立监察人，当下建议参考日本的实践做法。依据《慈善法》第45条第2款，民政部门备案与税收优惠衔接中，由税务机关明确要求享受税收优惠的慈善信托应当设立信托监察人，并且在民政部门办理备案手续。

（二）慈善信托监察人的选任

慈善信托监察人的选任包括选任方式和监察人选任资格。

1. 慈善信托监察人的选任方式

依据《信托法》第64条第2款前段，信托监察人首先由信托文件规定，诸如第8条第2款的信托合同、遗嘱或者法律、行政法规规定的其他书面文件等制定中，委托人发挥主导作用，因此信托监察人均可以认为是委托人选任的。鉴于《信托法》第64条第1款公益信托监察人强制设立固定，第64条第2款后段又补充规定，“信托文件未规定的，由公益事业管理机构指定。”《慈善法》第49条规定，“慈善信托的委托人根据需要，可以确定信托监察人”，相应地，信托监察人的选任方式只有第45条第1款规定慈善信托文件一种方式。由此可见，信托监察人的选任与设立模式存在

密切关系，倘若如上所述，全部或部分慈善信托采取监察人强制设立模式的，尚须增设监察人的选任方式。虽然日本、中国台湾地区信托立法皆规定由法院或主管部门补充选任，但鉴于我国法院体制的局限性，还是以民政部门的指定为妥。为削弱对慈善信托的行政干预，笔者建议不回归《信托法》第64条第2款的依职权指定，而是由信托利害关系人申请，再由民政部门指定监察人。

2. 慈善信托监察人的选任资格

《信托法》《慈善法》对监察人资格均未加以规定，鉴于监察人的重要地位，笔者认为，即使不对监察人的积极资格加以要求，亦应当对消极资格予以明确：(1)信托监察人乃是受托人的监督人，因此受托人不能同时担任监察人；信托监察的监督权来自委托人、受益人，因此如果允许委托人、受益人兼任监察人，就会造成法律角色的混乱。总之，不得选任慈善信托委托人、受托人、受益人及受托人的关联人为监察人。(2)信托监察人行使监督权，因此无民事行为能力或限制行为能力的自然人亦不得担任监察人。(3)信托监察人可以是自然人，但主要是慈善组织，或者律师事务所、会计师事务所等专业机构，或者信托公司。为确保信托监察人的公信力，应当要求上述组织在一定期限内不存在违法行为或不良信用记录。

（三）慈善信托监察人的变更

慈善信托监察人的变更包括辞任和解任，《信托法》《慈善法》对监察人的辞任和解任均未加以规定。

1. 慈善信托监察人的辞任

信托监察人为信托当事人，一旦承诺担任此职务，负有监督受托人的义务，倘若信托监察人强制设立的情况下，信托监察人的辞任将严重影响慈善信托运转。笔者建议，在信托存续期间或信托文件规定的监察人任职期间，信托监察人辞任应当取得原选任人的同意，未经同意而辞任的，应当赔偿由此产生损害，并且接受信用不良的处罚；监察人强制设立情形下，应当提前合理时间予以告之，未提前告知的，辞任行为在合理时间届满前无效，造成损害的，应当予以赔偿。

2. 慈善信托监察人的解任

当信托监察人因重大过失不履行义务或出现不符合选任资格时，应当赋予原选任人以解除其职务的权利(力)。但是，如上所述受益人与委托人发生利益冲突，存在委托人滥用解任权以威胁监察人的可能，因此应当允许被解任的监察人向民政部门或法院寻求救助，换言之，委托人解任监察人须有正当理由。

四、慈善信托监察人的职权与权利

依据权利行使的目的，信托监察人的权利可以分为信托法上的职权和民事权利。前者是监察人依据信托治理结构中法律地位为受益人利益而对受托人的监督权，既是权利又是义务，因此称之为职权，后者则是监察人作为民事主体依法或依信托文件为自己利益而享有的权利。信托监察人的职权和权利依据来源不同又可以分为法定权利和意定权利，前者为法律明确规定监察人享有的权利，一般为职权；后者则为信托文件赋予监察人享有的权利，包括职权和民事权利。

（一）慈善信托监察人的职权

1. 慈善信托监察人的法定职权

《信托法》《慈善法》均只有信托监察人法定职权的规定，对意定职权、民事权利未予以规定。《信托法》第 67 条第 2 款、第 71 条明确规定信托监察人享有对年度信托报告、清算报告的认可权，即只有经过监察人认可，相关报告才能被公益事业管理机构核准，并由受托人予以公告。《信托法》第 65 条规定，“信托监察人有权以自己的名义，为维护受益人的利益，提起诉讼或者实施其他法律行为”，此规定明显借鉴台湾《信托法》第 52 条第 2 款规定，“信托监察人得以自己名义，为受益人为有关信托之诉讼上或诉讼外之行为。”依据该规定，信托监察人享有较为广泛的法定职权：（1）监察人的职权行使目的乃是维护受益人的利益；（2）监察人以自己的名义行使职权，换言之，承认监察人在公益信托中的独立法律地位；（3）监察人行使的方式为提起诉讼或者实施其他法律行为。《慈善法》不仅删除信托监察人认可权的规定，而且第 49 条第 2 款对《信托法》予以较大修改：（1）明确监察人职权性为对受托人的行为进行监督；（2）修改监察人行使职权的目的要件为“依法维护委托人和受益人的权益”；（3）增设监察人行使职权的事项范围，“发现受托人违反信托义务或者难以履行职责的”；（4）限制监察人行使职权的方式为“应当向委托人报告，并有权以自己的名义向人民法院提起诉讼”，即删除《信托法》第 65 条“实施其他法律行为”的宽泛授权。

笔者认为，适用《慈善法》第 49 条第 2 款应注意以下问题：（1）《慈善法》第 49 条第 2 款对监察人行使职权目的要件的修改乃是以二者利益一致为前提，一旦受益人与委托人发生利益冲突，则监察人职权行使无所适从。结合职权行使方式的规定，笔者认为，监察人“发现受托人违反信托义务或者难以履行职责的”，应当先向委托人报告，由委托人依法行使监督权；委托人不行使或怠于行使监督权，或者行使监督权的内容无法维护受益人的权益，监察人才可以向法院提起诉讼；法院审理相关案件，应当贯彻受益人优先的理念。(2)“受托人违反信托义务”的情形，依据《信托法》，主要包括受托人违反依照信托文件处理信托事务的义务、忠实义务、谨慎义务、分别管理义务、亲自管理义务、记录、报告和保密义务、支付信托利益的义务、清算义务。“难以履行职责”的情形则主要包括《信托法》第38条受托人辞任及第39条受托人职责法定终止的情形。(3)监察人提起诉讼的范围应当限于《信托法》规定范围，《信托法》第22条撤销处分行为及要求恢复信托财产的原状或予以赔偿、第23条解任受托人等，并且相关诉讼条件亦应当符合上述规定，换言之，监察人诉讼尽管以自己名义，但诉讼请求不能独立于委托人、受益人的监督职权之外。

2. 慈善信托监察人的意定职权

作为受益人的“保护人”，监察人的职权本应来自受益人。王志诚认为，“故举凡受益人基于受益权所得者，信托监察人理论上应均得为之。当然，如若我国《信托法》第十七条第一项所定之信托利益享有权，因是专属于受益人权利，则不得由信托监察人行使，殆无疑议。”但是，《慈善法》《信托法》均未规定，监察人可以行使受益人的监督权，慈善信托受益人的不特定性亦无法授权监察人行使自己的监督权。信托监察人的监察职权来自信托文件的规定，即委托人通过信托文件将自己的权利让与监察人行使。依据《信托法》第49条第1款前段规定，“受益人可以行使本法第二十条至第二十三条规定的委托人享有的权利”，因此委托人与受益人的监督权具有同一性，包括知情权、信托财产管理方法调整的要求权、信托财产损害的救济权、受托人解任权。如上所述后两项权利属于监察人法定职权范围，所以委托人通过信托文件授予监察人的职权只有知情权、信托财产管理方法的调整权。笔者认为，委托人以信托文件方式对监察人的授权，不得予以撤回。信托监察人为受益人的权益行使意定职权，与委托人意见不一致时，可以依据《信托法》第49条第1款后段的规定提起诉讼。

3. 复数慈善信托监察人的职权冲突

倘若慈善信托监察人为复数，可能发生职权行使的冲突。日本《信托法》第125条规定，“同时有两个以上信托管理人的，他们应当在职权范围内共同采取行动，但是信托条款另有规定的，从其规定。”台湾地区《信托法》第55条则规定，“除信托行为另有约定外，以过半数来决定信托监察人事务的执行，但就信托行为之保存行为得单独为之。”笔者认为，为避免一致引发的僵局，应当采取台湾地区的立法例，即信托文件规定议事规则，按议事规则行使职权；信托文件未规定，亦采多数决原则，即根据多数信托监察人的集体意志行使职权，但诉讼宜以信托监察人个人名义为之。

（二）慈善信托监察人的权利

信托监察人除拥有监督受托人的职权外，还享有与自己切身利益相关的权利，这些权利可以放弃，为民事权利，主要包括：(1)报酬请求权。笔者认为，基于慈善信托的公益性，是否给付信托监察人的报酬及报酬多少应当由信托文件加以规定。对于民政部门指定的信托监察人，则由信托监察人请求，民政部门根据监察人的职务繁简、信托财产状况等确定给付报酬的标准。倘若规定监察人的报酬，监察人即享有报酬请求权。(2)合理支出及损害赔偿请求权。信托监察人可以就其行使职权而支出必要、合理的费用及债务、遭受的不可归责自己的损害，请求予以赔偿。借鉴《信托法》第37条第1款、第57条关于受托人报酬、支出等规定，监察人的报酬请求权、合理支出及损害赔偿请求权对慈善信托财产行使，享有对信托财产的优先受偿。信托终止后，监察人基于上述请求权可以留置信托财产或对信托财产的权利归属人提出请求。

五、慈善信托监察人的义务与责任

（一）慈善信托监察人的义务

信托监察人的职权具有权利和义务的合体性，即信托监察人行使权利亦是履行义务，但《慈善法》《信托法》均未从义务视角对信托监察人行使职权予以规制。日本《信托法》第126条规定，“信托管理人应当以善良管理人的谨慎行使前条第一款的权力。信托管理人应当以受益人利益，诚实且公正地行使前条第一款的权力。”台湾地区《信托法》第54条规定，“信托监察人执行职务应当进善良管理人的注意义务。”我国应当确立信托监察人行使职权的谨慎义务、忠实义务。

1. 慈善信托监察人的谨慎义务

谨慎义务要求信托监察人行使监督职权时应当达到一定的注意程度。依据民法法理，注意程度判断标准为：(1)普通人的注意标准，违反此标准，构成重大过失；(2)与处理自己事务同一的注意标准，违反此标准，构成一般过失；(3)善良管理人的注意标准，违反此标准，构成抽象过失。笔者认为，慈善信托监察人谨慎义务的标准不宜一概而论，应当根据是否给予信托监察人以报酬、信托监察人是否为自然人或法人，予以确定。

根据谨慎义务的要求，信托监察人应当严格遵守法律和信托文件的规定，以最审慎的态度获取赖以决策的信息，按合理相信符合慈善信托目的和受益人最佳利益的前提，诚信善意行使监督职权。

2. 慈善信托监察人的忠实义务

忠实义务要求监察人应当以受益人利益最优化为理念，尽忠尽职地行使监督职权。忠实义务的核心乃是利益冲突的避免，即信托监察人不得与慈善信托行为存在任何的直接利益及重大的间接利益，不得与慈善信托发生关联交易；倘若关联交易不可避免，则信托监察人不得利用其职权优势与受益人为不公平的交易。信托监察人亦不得利用行使职权的过程中知悉的信息而取得额外的利益。信托监察人违反忠实义务的，应当将该利益归入到信托财产。信托监察人须负履行忠实义务的举证责任，否则承担应有的法律后果。

（二）慈善信托监察人的责任

《慈善法》《信托法》既无信托监察人的义务规定，也无法律责任规范。一旦确立信托监察人的谨慎义务、忠实义务，则须明确监察人不履行义务时所应当承担的法律责任，主要为民事责任。笔者认为，应当依据信托监察人违反义务的类型而确定民事责任的承担：（1）监察人违反忠实义务给受益人造成损失的，应当承担民事赔偿责任、恢复信托财产原状，因重大过失而违反忠实义务的，原选任人可以予以解任；（2）监察人违反谨慎义务，未直接造成受益人的损失，因此只有存在重大过失的情形下，才就损失承担与受托人的民事连带赔偿责任，并且原选任人可以予以解任。

信托监察人经由英美法系的信托保护人，由大陆法系的日本率先设立，并且辗转台湾地区立法，进入我国《信托法》之公益信托的法律规范，成为公益信托治理结构的重要支柱之一。在《慈善法》立法过程中，慈善信托专章戏剧性地被二审稿取消、又被三审稿复活，成为立法者、公众的关注焦点，以致《慈善法》关于慈善信托的规定缺乏深入的探讨，相关规定不仅没有对《信托法》公益信托规定予以细化，还由于过度地强调慈善信托的去行政化，以致慈善信托治理结构失衡，存在严重委托代理问题，例如慈善信托监察人沦为“鸡肋”。鉴于短期内无法透过修法完善信托监察人规范，笔者建议采取以下途径：（1）司法解释。启动《慈善法》的司法解释起草规定，明确信托监察人的受益人优先保护理念，规范信托监察人提起诉讼范围和条件，健全监察人被诉的裁判规则。（2）相关行政法规、部门规章。为配合《慈善法》施行，将制定有关行政法规、部门规章，借此填补部分法律漏洞，例如将慈善信托监察人设立与税收优惠挂钩等。（3）慈善信托文件示范文本。民政部门应当草拟慈善信托示范文本，文本应当对信托监察人的选任和变更、法定职权行使要求、意定职权授予、民事权利规范、义务与责任等予以详尽描述，以引导慈善信托建立科学、合理的信托监察人制度。

第八节 法律政策学视角下的民族政策法制化

中国的民族政策和民族法制在价值、内容、目标等方面密切联系、相互交融，但又有自身的特性。民族政策灵活易变、调整方式多样化，而民族法制则稳定、恒久、程序性强。调整民族关系、处理民族问题，应重视民族政策的“法制化”，将基本性、长期性的政策纳入立法调整。民族政策的法制化大多遵循从政策调整到政策成熟再到形成立法的过程，并非所有政策都应转化为立法，而须对政策的内容加以甄别。应“为政策立法”，即以法律手段保障政策的正当性和有效性，制定程序性规则，确保政策制定的规范化、民主化。

经过30多年的努力，数量众多的民族政策已经实现了法制化，相关的民族关系也已转化为法律关系，受到国家法律强制力的保障。具体来看，在基本民族政策方面，新中国建立后就已形成的民族平等、民族团结、各民族共同繁荣，实行民族区域自治等重要政策，已逐步在《宪法》和其他法律法规中得到体现，从而实现法制化。1949年9月29日中国人民政治协商会议第一届全体会议通过的《中国人民政治协商会议共同纲领》第六章专章规定“民族政策”，其第五十条规定：“中华人民共和国境内各民族一律平等，实行团结互助，反对帝国主义和各民族内部的人民公敌，使中华人民共和国成为各民族友爱合作的大家庭；反对大民族主义和狭隘民族主义，禁止民族间的歧视、压迫和分裂各民族团结的行为。”第五十一条规定：“各少数民族聚居的地区，应实行民族的区域自治。”第五十三条规定：“各少数民族均有发展其语言文字、保持或改革其风俗习惯及宗教信仰的自由。人民政府应帮助各少数民族的人民大众发展其政治、经济、文化、教育的建设事业。”可见，《共同纲领》为新中国的民族政策奠定了坚实的基础，其本身也可视为宪法性文件，作为新中国民族法制的奠基。《共同纲领》之后，从1954年《宪法》到1984年《民族区域自治法》颁布实施，党和国家的基本民族政策伴随国家法制建设的进程而基本实现法制化。由于基本民族政策的全局性、重要性、长期性，实现法制化十分必要，相关政策通常由《宪法》或者《民族区域自治法》等高层次的法律加以界定和保障。

一、民族政策与民族法制的关系辨析

民族法制与民族政策密切相关，处理民族问题、协调民族关系需要制定相应的政策和法律。民族政策，是指国家机关或政党为解决民族问题而制定并要求有关组织和个人遵循的行为规范；民族法制，则是指国家制定的、依靠国家强制力保证执行的关于民族问题的法律法规和规章的总和。民族政策和民族法律，既有一致性，又有明显区别。协调国内民族关系，不仅需要正确的民族政策，而且必须要有健全的民族法制，才能保障少数民族的平等权利不受侵犯，才能保证国家各项民族工作的正常开展。

在二者的一致性方面，民族政策和民族法制在价值基础、内容、目标上都有许多共同和交叉的地方，它们都是为解决民族问题、调整民族关系而制定的行为规范，几乎所有的民族法规都表达了一定的民族政策要求，民族政策有时也以民族法规的形式表现出来，二者相互补充、相得益彰，都能够有效地发挥政策和法规在国家政治生活中的优势和作用。此外，在中国法治建设的实践过程中，以政策作为立法的基础，这是多年来的重要手段和实践经验。

民族政策与民族法制具有本质上的一致性，但在其制定机关、具体内容、表现形式、实施手段等各方面都有所不同。具体而言，其一，民族政策在内容上涉及的范围更宽泛，具体可能包括宏观指导、调控、利益分配等内容，而民族法制的内容更集中、更有系统性，主要涉及权利义务的分配，或者权力、职责的赋予。其二，民族政策的表现形式较灵活多样，指示、命令、倡议各种形式都可，而民族法制的表现形式相对单一，必须符合法律的规范性要求。其三，在时间效力方面，一些民族政策是短期性、暂时性的，而民族法律法规则普遍具有长期性和稳定性。其四，民族政策的约束力主要针对政党或国家行政体系本身，对于普通的社会主体仅有引导力和号召力，不具有必然的约束力。因此，政策实现的方式在于政党或国家机构的贯彻实施以及民众的响应。与政策不同，民族立法通常不仅能够约束国家机关，还能够约束一般的社会主体（法人、社团、公民等），同时，法律的实现以强制力为后盾，其效力强于政策。由此可见，民族政策与民族法制各有特点、各有侧重，不能把二者对立或等同起来，也不可过度强调一方面而忽略另一方面。

基于上述差异，在调整民族关系、处理民族问题时，应注重民族法制与民族政策的特点，合理发挥二者的作用。从历史实践来看，民族政策的优势在于重政治指导，原则性强，具有灵活、易变的特点，适合应对短期或突发的关系和事件。但由于不具备法律的稳定性和恒久性，民族政策不适宜于规范和调整具有长期性、根本性的民族关系和民族问题。尤其当执政党出现路线错误时，政策的制定和贯彻便会出现偏差，这不利于少数民族各项权利的保障。长期的或者成熟的民族政策向民族法制转化是必然的发展趋势，但同时，民族政策向法律的转化也要看时机是否成熟、条件是否具备。如，在转型期社会，一些民族问题尚处于新出现、不稳定的状态，国家对于这些问题的调整尚处于摸索和经验积累阶段，立法条件尚不成熟，不应当急于制定法律法规，而宜使用政策性手段加以调整。

同时，政策性调整的手段比法律更为丰富，它可以包括指令、号召、引导、鼓励等多种方式，尤其适宜于一些法律手段不宜调控的领域或事件，在立法仍属空白的领域，先行的民族政策还可能引导民族法制发展和变革的方向。德国比较法学家茨格威特·克茨在讨论社会主义国家政策对法律的影响后指出："……这绝不是说西方法律体系中法律不受政策的影响。恰恰相反，即使在西方国家，每一项法律规则也都具有或明确或模糊的政策背景，否则是几乎不可能理解法律是如何产生或在实践中是如何使用的。实际上，许多制定法都有意地寻求推进重建社会生活的某些经济的或社会的政策。"

以行之有效的民族政策作为民族立法的基础和依据，这是党和国家多年来的重要手段和实践经验。中国的民族政策在多年的实践中经受了检验，证明了其科学性和有效性，它包含着民族立法的基本原则，同时又为民族立法的内容提供了基本依据，但同时，在建设法治国家的大背景下，我们更需重视和发挥民族法制的作用和功效。民族政策原则性强，灵活易变，适合应对短期或突发的关系和事件，但由于缺乏强制性，又不具备法律的稳定、恒久、公开的特点，因此不适宜用于调整具有长期性、根本性的民族关系和民族问题。中国民族政策的发展，须重视民族政策的"法制化"问题，即将党和国家始终坚持的大政方针纳入法制化、程序化的轨道。国内外历史经验表明，依靠法律手段来解决民族问题是现实政治的最佳选择，在法治社会中，法律是制度性和普遍性规范，政策是工具性和特殊性规范。法律的内在特征强调稳定，一视同仁，而政策则可机动灵活，有所偏重。以灵活性见长的政策并非无所作为，但它只能在法律制度的制约下补苴罅漏，或是在不违背法治精神的前提下，对社会生活中某些处于不利状态的特殊群体或事项作倾斜性照顾。"从这个意义上说，政策的合法性是法治社会中不可逾越的门槛，法治不仅是法律的准绳，更是政策的紧箍咒。"

二、民族政策法制化的历史考察与现存问题

新中国成立以来，民族政策和民族法制建设是同时开展的进程，国家既根据需要制定和发布民族政策，同时又制定民族法律法规。从这个角度来讲，似乎不存在民族政策"法制化"的命题。而我们之所以要讨论这个命题，其原因在于，长期以来，国家调整民族关系、解决民族问题的重心始终在于民族政策，民族政策的数量、质量、实践经验以及现实作用都明显强于民族法制。在民族工作领域"重政策、轻法制"的状况始终存在，民族法制体系不完善，没有发挥出应有的作用。早在 20 世纪 50 年代，

彭真就指出："党的政策要经过国家的形式而成为国家的政策，并且要把在实践中证明是正确的政策用法律的形式固定下来。"〔3〕492 时至 20 世纪 80 年代，伴随社会主义法制建设进程的深入，国家开始逐步强调民族法制的重要性，并积极开展民族法律法规建设。由于民族政策在文本和实践两方面都为民族法制打下了坚实的基础，因此，民族法制建设的过程，许多情况下即是民族政策法制化的过程。

从我国民族政策法制化的现状来看，当前存在的问题主要有以下两方面：

在基本民族政策实现法制化的同时，一些具体民族政策也逐渐由政策上升为法律。以少数民族教育问题为例，从新中国成立至上世纪 70 年代末，国家主要依靠一系列民族政策调整民族教育关系，相关民族政策实践为民族教育立法奠定了基础。改革开放以后，国家教育法制出现大规模的建设高潮〔4〕69，1982 年的《宪法》、1984 年的《民族区域自治法》、1986 年的《义务教育法》、1993 年的《教师法》、1995 年的《教育法》、1998 年的《高等教育法》等高位阶立法均对民族教育问题作出了规定。国务院及其各部门也针对民族教育制定了一系列行政法规和部门规章。多个地方的立法机关则制定了一系列关于民族教育的专门法规，如广西的《广西壮族自治区教育条例》（1992 年）、黑龙江的《黑龙江省民族教育条例》（1997 年）、云南楚雄的《楚雄彝族自治州民族教育条例》（1993 年）等。值得注意的是，如果说基本民族政策非常必要，并且已经初步实现了法制化，那么具体民族政策实施亟待法制化，则需具体问题具体分析。对于长期性的具体政策，例如少数民族特定文化权利的保护，的确有通过立法清晰界定权利义务、法律责任、救济手段，实现法制化的必要，而对于短期的、暂时性的具体政策，一旦政策目标达到，或者社会条件变化以后，政策本身即失去效力，没有纳入立法调整的必要。

完善和发展中国特色社会主义民族法制，必须处理好民族政策与民族法制之间的关系。我国的民族政策和民族法制在价值、内容、目标等方面均存在交叉融合之处，民族政策是民族法制的基础，它指明了民族立法的根本方向和基本原则；而为政策立法，逐步实现民族政策的法制化，则是依法开展民族工作、建设社会主义法治国家的内在需求。在国内外民族问题与民族关系的新形势下，脱离民族法制的民族政策，或者脱离民族政策的民族法制，都不足以担当调整民族关系、化解民族问题、促进民族发展的重任。必须结合二者历史发展的有机联系，针对当前存在的突出问题，进行综合性分析，才有可能获得相关问题研究的重大突破。同时，推进民族政策法制化，也需要对可能出现的问题具有一定的前瞻性，以保证工作有序开展。本节借鉴法律政策学的视角和观点，希望能为民族政策法制化研究提供一种新的思路。

一方面，民族政策法制化的程度不足。一些重要政策仍未实现法制化，相关民族工作仍主要以政策为指导，随意性太强，稳定性不足。此外，一些政策虽已实现法律化，但法律的效力层级不高，或者操作性不强，未能很好地发挥法制的保障性作用。例如，一些涉及少数民族特定权益保护的事项，依然仅依靠政策调整，或者缺乏高位阶的统一立法，这不利于相关权利、义务、职责的划分，不利于权利救济和法律责任追究。如清真食品管理问题涉及广大穆斯林的长期利益，事关重大，从目前的情况来看，已有零星的地方立法，未立法的地区仍依靠政策调整，这不利于在全国范围内统一清真食品的标准、生产运输经营流程、监管措施、法律责任等事项。2004 年以来，在国务院及其有关部门的努力下，行政法规性质的《清真食品管理条例》的立法准备工作正逐步展开，相关政策和地方立法将进一步实现法制化、统一化。与此类似，涉及少数民族长期、特定权益保护的其他事项，宜逐步推动相关政策实现法制化，如少数民族殡葬管理、少数民族特需商品管理、少数民族文化遗产保护、少数民族教育促进、少数民族语言文字保护等。

另一方面，在民族政策法制化程度不足的同时，已经由民族政策转化而成的民族立法，仍存在政策烙印明显，规范性、逻辑性不足等弊端。例如，"规范性"是法律的重要特征，它强调法律规范逻辑结构的完整性，一条完整的法律规范包含假定条件、行为模式、法律后果三个要素，其中法律后果体现了法律的强制力，也是保障法律不被任意忽视或违反的重要因素。美国著名法学家博登海默认为："制裁作为附属物乃是一个绝对必要的条件，亦即一项法律规范得以存在和得以有效的根本标准。"缺乏法律后果的法律规范与道德、习俗等一般社会规范难以区分，法律效力受到严重影响。以《民族区域自治法》为例，其中许多规则在逻辑结构上仅有假定条件、行为模式部分，而缺乏法律责任，如果它的配套立法也未对其逻辑结构予以完善，则易导致《民族区域自治法》已被违反，但不明确违法者应当承担何种责任、应当如何追责。没有对法律责任的明确界定，法律就失去了应有的强制力量，从而与倡导性的政策措施抵触。不仅如此，部分民族立法的法律"品性"不足，还体现在程序性规定的缺乏，这导致相关实体性权利救济困难。结合现实案例来看，由于程序性规定缺失，侵害少数民族合法权益（尤其是集体性权益）的行为，或妨害民族自治地方行使自治权的行为，常缺乏有效程序——特别是司法程序的救济。实践证明，解决权益纠纷，处理违法行为仅靠行政手段是远远不够的，只有完善民族立法的程序性规定，强化司法救济手段，才能有效发挥民族法制的权益保障功能。

此外，民族法律法规在用语上的政策化倾向，也是民族政策法制化不彻底、未割断政策脐带的表现。立法语言应当符合法律语言的基本要求,从目前的情况来看,一些民族立法的用语在严谨性、明确性、专业性、专门性等方面尚存在不少问题,精准专业的"法言法语"未能一以贯之,而"鼓励""帮助""指导""群众""干部"等含义不明的政治化、政策化用语则成为独特的风景线。以《民族区域自治法》为例,其中第五十六条第三款规定:"国家帮助民族自治地方加快实用科技开发和成果转化,大力推广实用技术和有条件发展的高新技术,积极引导科技人才向民族自治地方合理流动。"这类规则中的动词体现出引导、号召的政策式话语的特征,作为政策用语,它们具有原则性、灵活性的特征,但作为法律用语,却不符合专业、严谨的要求——"帮助""大力推广""积极引导"是否理解为国家的职责和义务?如果不作为,承担何种法律责任,用语的不专业势必导致含义的不明确。对此,国家立法机关在修改过程中显然已注意到上述问题,如2001年修改后的《民族区域自治法》,即将第六章"上级国家机关的领导和帮助"更名为"上级国家机关的职责",这即是立法语言专业化的体现。与此相应,更多的民族立法应摆脱政策化语言的影响,以便更符合民族立法形式合理性的外在要求。

三、民族政策法制化应注意的几个方面

(一)民族政策法制化的一般过程

在调整民族关系、处理民族问题时,应更多依靠民族法制,进一步促进民族政策法制化。将合规的政策上升为法律,并非消解政策,而是能够更有效地保障长期性政策的效力。中国在民族政策法制化的进程中积累了诸多经验,一般而言,相关政策达到稳定、成熟的状态,这是实现法制化的前提条件。

所谓"稳定",即政策所调整的社会关系以及政策本身需要相对稳固,而不是处在暂时的或者变动不居的状态当中。例如,针对现实政治、经济等社会情势变化及时出台的民族政策,由于还处在摸索过程中,需要根据现实情况的变化不断做出适应性调整,这类政策转化为法律的时机尚不成熟。再如,一些应对突发民族问题的政策,本身是暂时性的,当社会条件改变或者问题解决时,政策即告终止,这类政策不宜上升为法律。法律制度通常滞后于社会现实,它是对反复出现的社会现象或者相对稳定的社会关系的回应和保护。同时,法律一旦制定,即不可朝令夕改,其灵活性无法与政策相比。当然,这只是一般情况而言,法律同时具有前瞻性,可以发挥引导社会变革的功能。如在西部大开发进程中,很多经济社会关系要靠法律建构、调整,而不能机械地等待政策成熟。

所谓“成熟”，即民族政策已经经过充分实践，在接受科学的政策评估后，被认为效果良好、切实可行。成熟的政策应当获得社会认可，比如在价值观念或制度上已基本达成社会共识。在调整民族关系、处理民族问题时，政策较之法律对社会的反应灵敏，且弹性较大，当制定法律的条件尚不成熟时，可先由政策调整，并在实践中反复修改、完善。鉴于稳定性要求高、修改程序严格，民族立法的出台尤需审慎，如立法条件不成熟，则易导致法律过于超前、缺乏操作性、负面效果明显等问题。

以瑞典民族政策法制化的实践经验为例。瑞典曾是“一种语言、一个种族和一种宗教”的同质社会的典型，“二战”成为瑞典民族文化从同质向多元转变的起点，战后，大量的战争难民和劳工移民迁入，瑞典的民族文化多样性问题日益突出，移民问题成为瑞典政府和社会关注的重要问题。战后初期，瑞典的同化主义立场十分明确，其后同化政策在内、外部压力下受阻，效果不佳。1968 年瑞典正式建立移民委员会，委员会在多元文化政策的形成中起到了决定性作用——它调查移民在瑞典遇到的问题，对政府的移民政策进行评估，对移民和少数民族团体在语言、文化、社会等各方面的诉求进行调查。委员会提出了一系列解决移民与少数民族问题的政策措施，这些措施在 1975 年被议会采纳，正式确立为法律，从而奠定了瑞典的基本民族政策——多元文化政策的基础。由此可见，一国民族政策的法制化通常沿着一个大致的轨迹，即：面临民族问题 / 民族关系→政策调整→政策修正→政策成熟→形成立法。

（二）民族政策法制化在内容上的甄别

在当前的民族工作中，应更多地依赖法制，促进民族政策法制化，但这并不意味着盲目地把政策上升为法律，用法律替代政策的功效，而应“具体情况具体分析，宜用政策加以引导的，则不应由法律硬性约束。有些急需的可以直接立法。”那么对于民族政策而言，哪些需要法制化，哪些适宜继续使用政策调整呢？首先，如前所述，民族平等、民族团结、各民族共同繁荣、民族区域自治等基本民族政策具有根本性、长期性，它们的基本内涵已经实现法制化；需要进一步完善的是促使相关民族立法更具有可操作性，更能发挥实际效力。如在民族平等问题上，需制定和完善反歧视立法，有效遏止各种民族歧视行为。在民族区域自治制度的实践上，应通过完善配套立法和自治立法，真正把《民族区域自治法》规定的各项权利落到实处。

与基本民族政策不同，具体民族政策的法制化更需具体分析。如前所述，政策的法制化需以稳定、成熟为条件，暂时性政策不宜上升为法制。而民族政策究竟属于长期性还是暂时性，通常由其内容决定。以民族优惠和照顾政策为例，这些政策旨在促进民族发展，或满足民族文化多样性的需求，大量的优惠和照顾政策为保障少数民族的各项权利而设立，这些政策指向的客体在属性上存在差异，不能混为一谈。少数民族权利理论把民族权利分为“共同领域”与“分立领域”两大类，前者指包括多数人和少数人在内的全体成员基于共同需求、依从共同的规则进行互动的领域；后者指属于民族、宗教或语言上的少数人群体成员维护其群体特性和认同的领域。

在共同领域内，政策目标在于促进少数民族成员对社会公共生活的有效参与，赋予或提升他们参与公平竞争的能力，如在教育资源的分配上予以倾斜，特别是提供提高社会参与和融入能力的语言培训、技能培训等。重要的是，针对共同领域权利的政策，其宗旨并非在于维持群体之间的差异，而是为了在共同领域中创造和恢复实质平等。一旦政策目的达到，就不应再继续实施，否则将导致反向歧视。针对共同领域的政策在优惠方式和手段上需要细致考量，在强度、时间、地域上也需具体分析，国家应建立科学的评价体系，定期评测各民族或地区实际的发展情况，并以此作为政策调整的依据，当优惠的目的达成或条件消失以后，应当逐步缩减直至取消。共同领域的少数民族权利具有变动不居、非永久性的特点，这使调整相关问题时适合运用政策手段，通常不宜上升为立法。

与此不同，在分立领域内，政策的任务在于通过特别措施认可并维护少数民族的族群特性。特别措施的合理性依据在于“族群 - 文化”多样性的要求，在当代占据主流的“多元文化主义”政策或其他强调民族平等的政策，均认可和保障少数民族维系和传承其族群认同和传统文化的要求。由于民族特性和认同的保持是一个漫长的历史过程，因此，不同于共同领域的优惠政策，特别措施的延续相比之下是长期性的。

检视我国当前的民族政策及立法，优惠政策或特别措施在形式上已相对完备，问题在于，由于对上述两个领域未作明确区分，在实践中哪些宜用政策调整，哪些宜用法律调整，显得并不明确。笔者认为，调整共同领域的政策不宜法制化，相反应建立科学、细致的评价机制，定期对政策进行分析、评估、调整、限制。而对分立领域的政策，则应充分意识到其长期性的特征，对于条件成熟的应当上升为法律。例如，少数民族对其语言文字的传承，对其风俗习惯的保持均属“分立领域”的权利，将相关政策法制化更有利于权利保障。实践中存在错将分立领域与共同领域混淆的观点或做法，例如长期不对共同领域的优惠政策加以限制、克减，实质上已经导致反向歧视；或者认为经济社会发展至一定程度，即可取消分立领域的特别措施，两种倾向均易损害合法权益，甚至诱发民族矛盾。

（三）为政策立法——民族政策的法制保障

在当代社会，但凡重要、长期的政策多会转化为立法，而民族政策的法制化不仅指从政策向法律的转化，同时还有“为政策立法”之意，即以法律手段保障政策的正当性和有效性。法治并不排斥法律之外的其他社会规范，为政策立法并非以法律代替政策，而是试图为政策的制定与实施提供法律的原则、程序和界限，防止政策偏离法治的轨道。为政策立法主要是从实体和程序两个方面，防止政策决策、政策实施的随意性，法律提供刚性的实体规范和严格的程序规则，使多变的政策不至于迷失方向。

在历史和当下的实践中，一些民族政策的制定和实施存在违反法律的精神、原则或者具体规范的现象，“政策违法”不仅损害了国家法律的权威，同时也违背了基本民族政策的要求。例如“文革”时期，极“左”的政治空气导致一些民族政策严重失当——民族自治地方被撤销、肢解、代管，少数民族的一些权利被任意取消等等。“文革”期间民族政策失当的深刻教训在于，政策的制定一旦逾越法律的界限，就会导致轻率、专横，就极有可能践踏权利。对民族政策进行合法性审查十分必要，政策的制定必须于法有据，而政策的内容不得与民族立法相违背——违法将导致政策无效。

“为政策立法”还表现为制定程序性规则，确保政策制定的规范化、民主化。规范化是现代公共政策制定的基本原则，社会利益主体的多元化和政策制定过程的复杂性，都要求遵循规范化原则，以避免随意、专断和个人意志左右的政策出台。同时，为保障民族政策的民主性与科学性，通过立法来确定议事规则就显得至关重要。《民族区域自治法》规定，“民族自治地方的自治机关在处理涉及本地方各民族的特殊问题时，必须与他们的代表充分协商，尊重他们的意见。”有学者指出，民族自治地方应建立具有可操作性的协商民主决策机制，参加决策活动的主体不仅包括政府、与决策有直接利益关系的特定民族的人大代表或工作人员，还应当包括其他民族群体的人大代表或工作人员。为保证协商过程有序、公正、充分、真实，“应当制定规范协商民族决策程序的法律法规，对参与协商的不同主体的权力和责任、协商的步骤、方式等问题作出明确而细致的规定，而民主协商的参与者则应严格按照程序规则的要求从事相关活动。”法律不仅能够确保政策制定的规范化、民主化，同时还借助各种行政程序规范，确保行政主体在执行民族政策时，必须遵循一系列步骤、顺序、时限和方法，并且做到权责一致、有责必究。

当然，民族政策法制化的更高目标，在于实现调整民族关系、处理民族问题的“法治化”。“法治化”不仅指民族政策向立法的转化，它同时要求从执政党到各级国家机关充分树立依法决策、依法行政的法治观念。在建设社会主义法治国家的大背景下，党和国家机关在处理民族问题、调整民族关系时首先应以法律为依据，并在不违反法律的情况下制定各类灵活的政策措施，同时应充分发挥民族法制和民族政策各自的“比较优势”，并逐渐确立民族法制的主导地位。

第二章 大学生法制教育观念

第一节 大学生法治观教育的创新

大学生法治观教育的开展，有利于帮助高校大学生更加全面地认识我国依法治国的基本方针与策略，从而树立民主、法治、公正、平等的社会主义现代化建设思想与价值观念，养成尊法学法守法用法的良好意识与行为，推动我国法治社会建设的进一步发展，为青年大学生的健康成长创造良好的社会环境。该文通过对大学生法治观教育开展的必要性分析，结合大学生法治观教育的内容和原则，对大学生法治观教育实施的具体路径进行探析，为有关实践及研究的开展提供参考。

依法治国是推进中国特色社会主义社会建设的基本方针与重要策略，全面依法治国环境下，加强对大学生的法治观念教育，使其养成尊法、守法、护法的良好社会风气与行为习惯，有利于推进我国社会主义法治社会建设的进一步发展，具有十分积极的作用和意义。大学生作为新时代中国特色社会主义社会建设的重要力量，也是推进我国依法治国重要方针建设的主力军，因此，在大学生思想政治教育中开展法治观教育，符合社会主义社会现代化建设与发展的合格人才，为我国依法治国基本方略的顺利实施提供可靠的人才支持与智力保障，全面推进社会主义社会法治建设目标实现，具有十分突出的积极意义。

一、大学生法治观教育开展的必要性和重要意义分析

首先，大学生法治观教育作为高校思想政治教育的重要内容。对大学生开展法治观教育，有利于促进高校针对大学生的思想政治教育目标实现，从而推动高校教育的进一步发展和提升。高校思想政治教育开展中，对大学生的社会主义法治观进行培养和引导，使其成为符合中国特色社会主义社会建设所需的高素质与全面型合格人才，为我国社会主义社会建设目标实现贡献应有的力量，一直是高校教育开展与人才培养的重要目标。因此，高校教育开展中，将法治观教育作为高校大学生思想政治教育的目标，以具有民主法治观念和自由、平等、公平、正义等社会主义现代化思想的合格公民培养作为教育开展的宗旨，高校大学生作为我国社会公民群体的重

要组成部分及对我国特色社会主义社会建设具有重要作用和影响，对高校大学生开展法治观教育，使其树立良好的社会主义法治观念与思想认识，成为符合社会主义法治建设所需的高素质人才，具有十分重要的积极作用和意义。其次，对高校大学生开展法治观教育，帮助高校大学生树立社会主义核心价值观同时，也有利于促进其对社会主义核心价值观的有效践行，同时能够促进高校思想政治教育与有关意识形态工作开展的进一步强化。学校作为思想政治教育与意识形态工作开展的重要阵地，在我国社会主义社会建设与发展中同时也肩负有对马克思主义思想与社会主义核心价值观等思想意识形态工作进行学习和研究的责任使命，在社会主义社会建设所需的高素质人才培养基础上，为中华民族伟大复兴的中国梦实现提供重要的人才保障与智力支持。其中，法治观是作为社会意识形态领域的一种重要表现形式，对社会主义法治社会建设的推进有着重要的作用和影响，因此，在高校思想政治教育中对大学生开展法治观教育，使其树立良好的社会主义法治观，也是高校思想政治教育应具备的基本属性与功能特征，对高校意识形态工作的进一步强化和推进，具有十分积极的作用和影响。

最后，大学生法治观教育开展，有利于实现我国社会主义建设的法治精神与弘扬，从而全面推进我国依法治国建设的基本方针与策略有效实施。全面依法治国环境下，社会公民的各项权利能得到更加紧密和充分保障，同时在社会主义建设过程中获取更加完备与便利的社会公共服务，使其更加主动与积极地参与到国家的各项法治建设与社会治理活动中，真正促进民主、自由、法治、公正、平等社会主义现代化建设的重要目标与基本原则实现。其中，社会公民在参与我国的重大立法与政治决策、司法建设等活动中，其各项权益的有效获取与全面保障，和其参与活动中的主观能动性发挥之间存在密切联系，同时很大程度上受到社会公民的法治观念与思想意识觉悟、成熟情况影响。结合当前我国高校大学生的思想政治教育现状，由于其法治观相对薄弱，对我国全面法治建设的顺利推进存在着较大的制约影响，因此，迫切需要开展高校大学生的法治观教育，以促进其全面、良好的社会主义法治观形成，为推动我国社会主义法治社会加快发展与进步提供有力支持。

二、大学生法治观教育的主要内容分析

大学生法治观教育的主要内容包括法制规范教育与法治精神教育、法治文化教育、法治思维教育等。其中，大学生法治观教育中，法制规范教育主要是指就现存的法律、法规与司法制度及其基本的内容、要求等对大学生开展教育和引导。法律制度是我国依法治国建设推进与开展的基本依据和重要基础支持，大学生在不同的学习

阶段都会接触到相应的法律、法规知识内容，但是这些内容对于我国现有的法律法规体系与司法制度来讲，知识占据很少的一部分，对大学生全面、正确的社会主义法治观念形成作用十分有限，同时随着大学生知识储备与成长见识的不断增长，与大学生更高的思想价值与观念培养的实际需求不相匹配，也与我国社会主义社会建设所需的高素质、全面型人才标准存在较大的差距。因此，就需要在大学生法治观教育中，针对高校大学生的法律知识储备与法治观念培养的实际情况，对其开展相应的法制规范教育，使其具有更加完备与系统的法律知识，从而在相应的学习与实践中树立并形成正确的法治观。大学生法制规范教育的主要内容就是我国现存的法律法规条文与司法制度内容等，其中包含我国的宪法、刑法以及民法等，通过对这些法制规范的学习，使大学生掌握基本的法律知识，并在实践中有效运用，从而形成良好的社会主义法治观。其次，对大学生的法治观教育中，法治精神教育也十分重要。由于社会主义建设与发展的不同时期，并且在不同时期的国家制度体系下，法治建设的精神也存在一定的差异。法治精神实际上就是指法律法规的思想文化精神，它作为法治建设的上层建筑部分，同时也能够在一定程度上对一个国家的政治经济关系进行反映，法治精神本身具有明显的时代烙印与阶级意识，因此，社会主义初期阶段与社会主义建设的全面推进等不同阶段的法治精神必然存在一定差异，并且能够对这一时期的社会建设特点进行反映，与不同时期的社会主义建设实际情况相互结合，随着社会主义社会建设的不断推进法治精神也会随之呈现出相应的发展变化。当前，我国社会主义法治社会建设的精神体现为依法治国、执法为民、公平正义、服务大局以及坚持党的领导等，并且上述内容在我国社会主义法治社会建设与推进中缺一不可，只有在具备上述法治精神的情况下，才能够推进我国特色社会主义法治社会的建设并最终实现法治社会建设的目标。因此，大学生法治观教育中，对大学生法治精神进行教育和引导培养，使其建立相应的规则意识，进行依法治国的先进理念树立，在法律制度与各项司法规定的约束下，为社会公民的各项权益与公共服务、社会秩序建立等提供良好保障，全面推进我国社会主义特色社会建设目标实现。此外，法治文化教育也是大学生法治观教育的重要内容。文化作为人类的精神活动及有关产品，在不同历史发展背景下所形成的文化存在区别，从而对人们的文化认同与价值观念形成存在不同影响。法治文化作为文化的重要一部分，与西方国家的文化形成与发展不同，我国传统文化形成与发展中，是以“人本”“善”等思想文化为主，将少数的统治者作为真理和正义的象征，并且深受这种文化思想与观念的影响，在法治文化及其信仰方面明显存在不足。而法治文化是与古代封建社会统治阶级控制下的人治文化相对立的一个概念，是以法律制度作为社会治理的基础，其中包含了法律制度结构与法律观念结构、执法、守法等概念内容和结构、行为等，社会主义社会建设时期的法治文化中还包含了民主、自由、平等及人权、公平等优秀的法律文化内涵，它与传统社会治理下的人治文化等相比更加先进和完善，并且法治文化对法治社会建设具有十分重要的作用和影响。因此，大学生法治观教育中，也应重视法治文化的教育开展，不断丰富大学生法治文化知识与内涵，以促进其良好的法治观形成，为社会主义法治社会建设的快速推进提供支持。

最后，大学生法治观教育中，法治思维教育对其法治观的引导形成也具有十分重要的作用和影响，是大学生法治观教育开展的重要内容之一。其中，法治思维是人们根据法治精神以及原则、理念、判断标准等，进行问题分析与处理的一种理性思维模式，法治思维的特征形成与我国法治建设中法律至上、人权保障、权力制约、正当程序等法治原则与要求之间存在一定的联系。大学生法治观教育中，法治思维教育的开展，能够使大学生在思考与解决、处理问题等实践操作过程中，自觉运用法律法规的知识和思维进行判断解决，从而促进其良好的法治意识与观念形成，在社会主义法治社会的建设推进中实现有关作用的充分发挥。值得注意的是，大学生作为刚步入成年阶段的人群，其在法律上已基本具备完全的民事能力，并且在前期学习开展中已掌握一定的法律知识或具备相应的法律文化意识、思维等，但是在更加深刻与复杂的社会问题面前会缺乏相应的法律思维与判断能力，因此，大学生法治观教育中，对其进行法治思维教育和培养，使其在面对问题时能够以法律思维进行问题思考和判断，从法律角度来看待、分析与解决问题，形成良好的法治意识和思维，在个人的思想认识与行为习惯养成中逐渐深化与融合，严格遵循法律制度的约束与规范，全面推进我国依法治国建设，成为社会主义社会现代法治建设所需的高素质人才，从而推动我国社会主义社会建设的不断发展和进步。

三、大学生法治观教育实施路径

首先，应不断完善和提升高校的思想政治教育，以推进高校大学生法治观教育。高校大学生法治观教育作为思想政治教育的重要内容，通过对高校思想政治教育的不断完善和推进，能有效促进高校大学生法治观教育开展。其中，在不断完善与提升高校的思想政治教育中，需要通过有关教育的开展，对大学生的思想观念和道德意识进行正确引导和教育培养，使高校大学生在日常生活与学习实践中能坚持马列主义思想观念，摒弃资产阶级的观念意识，从而坚决拥护我国的社会主义建设与发展道路思想以及中国共产党领导、人民民主专政等国家治理政治制度，反对资产阶级的自由化思想与认识等，帮助大学生树立正确的社会主义法律素质意识和科学民主的法治观念，推进大学生法治观教育的不断发展和提升。针对高校思想政治教育工作开展中存在的问题进行不断改进与强化完善，借鉴对高校政治教育的最新理论研究与实践成果借鉴，促进其教学方法与教育体系的不断创新完善，从而为大学生法治观教育开展提供良好支持。其次，加大对高校大学生法治观教育的教师队伍建设，不断提升教师队伍的综合素质与能力。在高校大学生法治观教育实践开展中，教师充分利用自身的知识与技能对大学生开展全面、有效的法治观教育和引导，使其形成更加全面的社会主义法治观认识，树立民主、法治、公正、平等的社会主义现代化建设思想与价值观念，养成知法、守法、护法的良好行为意识，推动我国社会主义法治社会建设的进一步发展。教师队伍的素质与能力对高校大学生法治观教育开展及良好成果的获取有着重要的决定性影响，加强高校大学生法治观教育的教师队伍建设，一方面需要选择一批具有较高的依法办事的法律知识修养与教学能力的教师人才培养，使其能通过自身的依法办事法律素养与教学能力，对学生开展较好的法治观教育，同时通过自身的言行举止对学生形成潜移默化的影响，使学生在日常学习与生活中树立良好的法治精神与观念意识，以促进学生法治观教育有效开展和提升。另一方面，应不断加大对当前从事高校大学生法治观教育的教师队伍开展培训与锻炼，使其在精通法律学等专业知识等同时，能有效掌握教育教学的相关规律，对大学生的心理特点与思想意识状态进行准确把握，通过创造性教育第促进高校大学生的法治观教育形式的不断创新，积极解决大学生法治观教育中存在的问题，以取得良好的教育成果。

此外，大学生法治观教育的开展还需进行良好的法治建设校园文化环境和氛围，为教育开展提供良好的环境支持。大学生法治观教育的良好校园文化与环境创造，需要高校教师在校园文化建设中充分发挥以身作则的榜样示范与带动作用，在日常教育与教学活动开展的同时，通过自身的良好品德与学术修养建设，从其他方面为学生法治观形成起到相应的榜样引领作用；同时，注意通过爱国、守礼、尊法、守法等教育主题活动的广泛开展，进行良好的法治校园文化环境与氛围营造，为学生的学习和生活创造良好的环境氛围，引导其树立正确的法治观念和意识。

综上所述，大学生法治观教育开展中，需要通过对法治教育的开展重要性充分认识，从大学生法治教育的法治精神与法治文化、法治思维、法制规范等教育内容的有效开展中，不断提高大学生法治观教育教师队伍的综合素质与能力，通过良好的法治校园文化环境与氛围营造，在实现大学生思想政治教育的不断完善与提升中，促进大学生法治观教育发展，从而实现其教育开展的目标，为社会主义法治社会的全面建设与推进提供相应的人才与智力支持。

第二节　大学生法治教育的重要性及培养方法

建立社会主义法治国家，构建社会主义和谐社会，理念必须先行，而在大学生中开展社会主义法治理念教育，显得更加重要和紧迫。抓好高校法治校园建设，高校法学课程设置及教学，引导大学生参与社会法治实践活动等是培养大学生社会主义法治理念的重要途径。

一、社会主义法治理念概念及基本内容

何谓法治？亚里士多德认为："已经成立的法律获得普遍的服从，而大家服从的法律又应该本身是制定得良好的法律。"可以理解为，法治是具有立法主体资格的主体制定和颁布的良好的法律，得到社会组织和公众的普遍服从，使法治意图得以实现的过程。要实现法治，理念必须先行。中国要实现法治国家，应该先行在公民特别是大学生中树立社会主义法治理念。何谓社会主义法治理念？笔者认为，社会主义法治理念是社会主义国家公民对社会主义法治的理性的认识，是对社会主义良好法律秩序形态的精神追求，是一种自觉遵守法律的意识和观念，主要要素包括法的合理性意识、合法性意识和积极的主体意识。

社会主义法治理念的提出，是党的十一届三中全会以来，党和国家领导人邓小平、江泽民、胡锦涛在继承和吸收了古今中外一切政治文明优秀成果的基础上，形成的社会主义法治思想体系，是前无古人的伟大创举。社会主义法治理念包含了"依法治国、执法为民、公平正义、服务大局、党的领导"五方面主要内容。依法治国，是社会主义法治理念的核心内容，是我们党领导人民治理国家的基本方略。执法为民，是社会主义法治的本质要求，是社会主义理念的本质特征。公平正义，是人类社会的共同追求，是社会主义法治的价值体现，是构建社会主义和谐社会的重要任务。服务大局，是社会主义法治的重要使命，是各条战线充分发挥职能作用和政治路线得以履行的必然要求。党的领导与社会主义法治在根本上是一致的，党的领导是建设社会主义法治国家的根本保证。

二、大学生社会主义法治理念教育的重要性、紧迫性

大学生法治理念教育是推进我国政治法治化进程，构建社会主义和谐社会，确保国家长治久安的需要。大学生作为国家的未来，社会主义法治国家的建设者和接班

人，既要有相关专业知识，更要有较强的社会主义法治理念。大学生的法律素养的高低、法治理念的强弱，直接地影响着国家依法治国方略的实施。因此，大学生的法治理念教育已成了高校教育一项最紧迫且不能回避的任务。

法治是现代社会进步和文明的标志，也是现代社会普遍的组织形式和治国的方略，既是统治阶级意志的集中体现，又是国家公共权威象征，直接体现着政治文明。随着我国社会主义市场经济的深入发展，我国的经济充满生机活力，社会物质财富日益丰富，社会公共空间逐步扩大，具有中国特色社会主义法律体系逐步形成，使法治建设得到了前所未有的发展。国家通过“一五”到“五五”普法规划实施即二十多年的普法依法治理工作，全民法律素质得到逐步提高，但是，从经济发展，人民的客观需求出发，法治还有一些亟待解决的问题：法律法规需要进一步健全，法律运作机制需要完备，法制的统一性、稳定性、连续性、预见性等有待加强、执法不公、地区间的法治发展不平衡等问题需要解决。特别是执法干部的法治理念普遍不强，严重阻碍了国家政治法治化进程。因此，在全球经济一体化趋势下，加速政治法治化进程，加强与世界各国政治、经济、文化交流，需要培养一大批懂经济、懂法律的人才。从加强政治法治进程的角度，大学生社会主义法治理念教育已成为加强我国社会主义政治法治化进程，建设社会主义法治国家培养后继法治人才队伍的一个十分急迫的问题。

三、大学生社会主义法治理念培养途径

针对当前高校大学生法律意识不强，法律素质普遍不高，高校法学教育薄弱的现状，应采取措施，多渠道、多途径在高校中扎实开展大学生社会主义法治理念教育。笔者认为，抓好大学生社会主义法治理念的教育和培养，主要有三方面的渠道和途径。

第一，要抓好依法治校。依法治校是依法治国方略在高校的具体生动实践。加强高校法治化建设能给大学生的学习生活创造一个良好的法治环境。提高大学生法治意识，增强法治观念，对树立法治理念十分重要。我们拿重视法治的美国说，“从某种角度而言，美国高等教育法治化对美国高等教育所起的作用，已远不只是一种法律的规范和约束，而更是一种历史的发展和引导”，这不能不说是一种法治理念对高校发展的影响作用。我们国家从“四五”普法规划到“五五”普法规划，都明确要求法律进校园，建设法治学校，实行依法治校。要求高校依法特别是依我国教育法和高等教育法等法律，完善高校各类规章制度，使学校方方面面的工作实行依法管理。处理好师生关系，有效地维护师生的合法权益。使校内的违法行为得到遏制和处理，

师生的权利得到保护，民主法律制度得到体现。在大学生思想中逐步树立法律权威，使法律权威得到尊重，法律效力得到体现。通过“依法治校”、“以法育人”潜移默化地影响，促进大学生法治观念的形成和提高。要严肃法律和校纪，对校内违法违纪行为的处理做到“有法可依”、“有章可循”、“依法办事”，促进大学生守法观念的形成，同时要调整好教育导向，培养一批优良的法学教师。“使每个教师明白，为适应社会主义法治进程的需要，教师不但是专业知识技能的传授者，而且是学生法治人格的塑造者，有责任引导学生理性地看待法律制度、社会治理和一切与此相关的社会现象”。学校与有关政法部门、行政执法部门相互配合，加强校内外治安环境的整治，为大学生树立良好的法治理念创造良好的法治环境，促进大学生良好法治理念的形成。法治高校的建设，不是一蹴而就，而是一个相当长的过程，美国高校的法治化也经历了400余年时间。在高校大学生中进行社会主义法治理念教育必须长期坚持。

第二，抓好法学教学内容的设置和教学。没有一定量的法律知识，法治理念教育将是无本之木。要重视大学生法学基础学科教学，即法理学、宪法学、民法学、刑法学、诉讼法学基础学科教学。这几门法学课程是学习一切法律课的基础，这些课程的基础理论贯穿于整个法律体系，其精神和概念在其他法律中都会不断出现和反复运用。如宪法，它是制定一切法律的依据，宪法的基本精神都能体现在一个国家的整个法律体系中。许多法律设定的侵权法律责任也都与刑法、民法罚则离不开。

第三，积极引导大学生参与社会法治实践。法律是一门实践性很强的学科，没有经过一定量的实践，法律课是很难学好的，法治理念的形成也仍然离不开法治实践。实践是促进大学生法律意识、法治观念、法治理念形成的最佳有效途径。法学理论来自于法治实践及提炼，法学理论又必须服从于并服务于法治实践。理论与实际相结合，才能使大学生的法治理念得以形成和巩固。所以，笔者主张，引导学生进行社会主义法治实践应遵循以下几个步骤：一是课堂讲授要为学生社会实践作准备，只讲重点难点，启发学生结合我国法治实际进行思考，讲案例要从中抽象出法律规则，引导学生对案例做出结论。选择有理论和实践意义的法律问题进行讨论，让学生各抒己见，尊重学生发言积极性，最后教师进行结论性归结。提高学生分析和解决法律问题的能力。二是组织学生参观和观摩。学校有意识地组织大学生参观少年犯管教所和监狱，并在参观中引导学生了解管教学员和服刑罪犯违法犯罪的社会环境、家庭状况、违法犯罪原因以及其在管教和服刑表现情况，或组织管教学员及服刑罪犯进行现身说法。让学生对照所学知识进行思考，写出观后感或法律问题思考文章，通过对违法犯罪的剖析强化学生的法律意识，使他们产生社会责任感和正义感。组织学生观摩法庭审理、经济仲裁、劳动仲裁等活动，感受法律的尊严，树立法律权威意识，了解我国的审判制度、经济及劳动仲裁制度，了解法律在规范公民行为和管理社会的作用，从而增强学生自觉守法意识。三是在课余和假期组织学生走出校门、走出课堂，参加社会的普法实践活动，到街道、农村宣传法律，开展法律咨询活动，用自己所学法律知识解答群众的咨询。对社会敏感的法律问题，如土地、婚姻、消费者权益保护、社会治安、农村基层法制建设等问题进行社会调研，了解国家法律执行情况。走进机关单位，走进企业，走进农村，切身感受法治政府、法治行政、公正司法、依法治企业、农村民主法治建设等法治进程，激发他们参与社会法治工作的责任心，从而牢固树立社会主义法治理念。

法治是社会和谐平安的基石，是调整社会各种利益关系，维护社会公平正义和社会长治久安的重要保证。因此，在大学生中开展社会主义法治理念教育，是建设社会主义法治国家，实现社会主义和谐社会的必然要求，是确保高等教育方向和为国家培养造就高素质法治管理队伍的客观需要。在大学生中开展社会主义法治理念教育具有重要性和紧迫性，已势在必行。

第三节　大学生道德教育与法治教育一体化

推进道德教育与法治教育一体化建设，对于新形势下提升高校思想政治教育有效性具有十分重要的意义。应针对推进过程中存在的问题，进一步完善高校教学与管理工作建设，营造良好的校园与社会环境，促进大学生自身道德素养与法律素养的提高。

党的十八届四中全会首次明确提出把法治教育纳入国民教育体系，十九大报告中强调，“要坚持中国特色社会主义法治道路，坚持以马克思主义法学思想和中国特色社会主义法治理论为指导，立德树人，德法兼修，培养大批高素质法治人才。”道德教育和法治教育作为大学生思想政治教育的重要组成部分，二者的一体化建设是大学生思想政治教育的必然要求、高校培育有理想有本领有担当的新时代大学生的必然要求、依法治国和以德治国在高校实践中的必然要求。

当前转型时期的中国社会，在不断创造现代文明的同时，也凸显出许多现代性社会问题，在现有的研究中，大多割裂了道德教育与法治教育的关系，过于强调二者的单独价值对于社会治理的贡献，然而在社会互动中，只有系统性、全局性发挥二者的作用，兼容并蓄，才能更好发挥二者功能。我国道德教育与法治教育的缺失对大学生成长、对社会发展的影响尤为严重，我国一向注重对大学生道德观念与法律素养整合与培养，然而近期也出现了“大学生借‘校园贷’后玩消失的闹剧”，“社科院法科毕业生霸座”等不容忽视的社会问题，这与传统“重德轻法”和“重智轻德”教育观念不无关系，所以，加强大学生道德教育与法治教育一体化建设就显得十分必要了。

一、大学生道德教育与法治教育一体化的必要性

（一）是社会主义核心价值观转化为人们的情感认同与行为习惯的必然要求

“一种价值观要真正发挥作用，必须融入实际、融入生活，让人们在实践中感知它、领悟它、接受它，达到潜移默化、润物无声的效果。”而道德教育属于价值观教育范畴，需符合社会主义价值观内涵与外延，且“道德教育则不仅要处理公共价值观而且还要处理私人美德和品格特质。”道德教育的目标不仅要使大学生能够面对日常生活中的挑战，更要使其接受合乎道德地行动。而大学生如果想成为成熟的、理性的、忠诚的、具有批判精神的道德主体，必须通过思想道德修养课等方式去学习有关个人的道德价值观等理论知识从而为判断法律和政治决策提供合理的伦理基础。因此，道德教育与法治教育一体化的根本在于将规范人们道德行为的力量源自于道德主体自发的情感认同，在实践道德教育环节，将法治观念的理论认同升华为情感认同，进而进一步转化为实践认同，从而内化于心外化于行，把社会主义核心价值观自觉转化为自身的情感认同与行为习惯。

（二）高校培育有理想有担当青年大学生的必然要求

马克思关于“人的全面发展”理论中指出，人劳动能力的提高、社会关系的丰富和人素质的全面提升和个性的自由发展是人不可或缺的三个发展方面。实现大学生的全面综合发展，培养其健全人格是高校教育的的目标，但是我国目前的大学教育普遍为单一灌输式教学，忽视其综合素质培养，这样的教育方式既不利于大学生发展，也与世界教育发展的趋势背道而驰。社会的发展需要各个方面有所长的具有综合素质的复合型人才，这就要求大学生不仅要有扎实的专业基础，还要具有充足法律素养、优秀的道德品质、良好的心理素质等。高校应注重大学生在校期间道德、法治素养的教育，让大学生在大学这一重要阶段的到提高从而符合社会对于人才的要求。当今世界各国的竞争终究是人才的竞争，拥有丰富知识与修养的青年人是国之栋梁，是实现中华民族伟大复兴中国梦的重要力量，社会的发展不仅需要的人才“术业有专攻”，更需要道德与法律等方面综合素质极强的综合型人才。

（三）建设社会主义法治国家的必然要求

十九大报告中强调“人民有信仰，国家有力量，民族有希望。要提高人民思想觉悟、道德水准、文明素养，提高全社会文明程度。”这表明我国对公民思想道德建设的期望。党和国家对公民道德教育与法治教育给予高度重视和关注，二者在我国建设社会主义现代化强国中发挥着不可替代的作用。在建设社会主义法治国家，从法律制度上规范公民行为，从道德教育中教化人民的思想品质，坚持道德与法治双管齐下，二者优势互补，互相融合，共同发力，为实现德治与法治的社会主义时间提供行动指南。近年来我国社会主义法治国家建设的过程中忽视道德方面的建设，导致一些触犯道德底线的事件频频发生，引起社会的混乱，给人民生活造成了多种恐慌，例如屡禁不止的“座霸事件”，青年大学生作为中华民族素质的代表，是社会主义法治国家建设的中流砥柱。大学生要积极响应社会主义法治国家建设的战略，提高法治素养，在学习、生活中按照宪法和法律办事，认真贯彻党的路线、方针、政策，积极促进社会主义民主政治，维护宪法与法律的尊严。大学生道德教育与法治教育作为社会主义法治国家建设中的一个重要环节，对法治国家的建设，和实施“依法治国”方略有重要作用。

二、大学生道德教育与法治教育一体化的现状

（一）大学生道德教育与法治教育一体化的机遇与挑战

首先，大学生道德教育与法治教育迎来新的发展机遇。道德教育与法治教育是高校思想政治教育的重要内容，《关于加强和改进新形势下高校思想政治工作的意见》中指出，我们党历来高度重视高校思想政治工作，探索形成了一系列基本方针原则和工作遵循，要把思想政治工作贯穿教育教育全过程需抓住发展时机。新时期国家对加强和改进高校思想政治工作提出新的基本原则：要求高校坚持党的领导；坚持社会主义的办学方向；坚持全员全过程全方位育人；坚持遵循教育规律；坚持改革创新，培育具有理想信念，志存高远，脚踏实地的新时代大学生。国家高度重视道德教育和法治教育，并为提高和改进高校思想政治工作创造了有利条件。其次，作为高校思想政治教育工作的重要组成部分，道德、法治教育的质量直接影响思想政治教育的效果，大学生道德教育与法治教育在迎来发展新机遇的同时也面临着一系列的挑战。随着新媒体的迅速发展，大学生获取文化的途径扩宽，能够接触到大量主流价值观之外的信息，特别是西方拜金主义等极端不良思潮极易让大学生产生错误的思想与歪曲的价值观，直接影响高校思想政治教育质量，而且作为一个具有独立人

格的人，大学生对于道德与法治有自己的见解与思考，不再单方面接受主流价值观的输入，道德与法律的影响被复杂多变，诱惑性强的非主流价值观削弱。运用何种方法提高大学生对于道德教育与法治教育的学习，培养大学生拥有正确的价值取向，运用道德与法律约束自己的行为，对内无愧于心，对外做有担当有理想的青年，道德教育与法治教育一体化建设的工作还有很长的路要走。

（二）大学生法治教育与道德教育一体化的问题

首先，部分大学对道德与法治教育不够重视，自身素质有待提高。随着西方的各种道德思想和观念涌入我国，大学生的道德价值认同、道德价值取向趋向多元化，功利主义、实用主义的倾向严重。部分大学生更是以自我为中心，毫无规则意识，甚至为了自己的利益损害他人或集体的利益，长此以往，必将对其健康成长与社会造成不利影响。部分大学生在面对身边问题或是社会新闻时，大多会求助于道德与传统观念或人性的美好层面，用主观臆想判定是非而非求助于法律层面的分析与帮助。道德教育通过人的自律来发挥作用，但这种自律缺乏强制性，所以单纯依靠自律很难实现对大学生思想有效的规范，只有结合法治教育，借助于国家强制力保障实施才能发挥道德教育的功能，而法治教育也只有以道德教育为基础才能有效发挥其作用，只有将道德教育与法治教育相联合，才能全方位提高大学生的自身素养。其次，大学生道德教育与法治教育的认知和实践脱节。大学生道德教育与法治教育达到预期目标需要理论知识的教授与实践结合，然而目前在《思想道德修养与法律基础》课程教学中，部分高校只注重理论知识的讲授而忽略实践。在教育过程中，老师与大学生、大学生与第二课堂的交流难以开展，导致理论知识与实践脱节，大学生解决实际问题时不能有效运用学习到的知识。忽视道德教育与法治教育一体化的现实意义，势必影响思想政治教育的有效性。

三、大学生道德教育与法治教育一体化的路径

道德教育与法治教育是大学生思想政治教育的重要内容，二者相辅相成，需要探索有效路径，促进二者的有机结合，实现高等教育培育有理想、有本领、有担当的青年大学生的目标。

（一）完善高校教学与管理工作建设

首先，树立大学生道德教育与法治教育并重的观念。当今世界正处于大发展大变革大调整时期，对于大学生的需求也变得越来越多元化，大学教学需向培育完全人格大学生的方向前行，只有完整的大学教育才能沿着社会历史的发展方向，完成

教育的目标。大学生道德教育与法治教育的一体化建设,是时代进步的需要,是人全面发展的需求,是社会历史进步对于教育提出的客观要求。道德教育与法治教育的一体化建设,不是单纯的一加一等于二,而是站在一定的高度,全方位的融合,使二者从单纯的教育两方面的教育发展为成为一个有机的整体,从而达到大学生全面发展、形成深远的社会影响力的目的。其次,优化教育手段,注重实践。高校的教学日常是大学生道德教育与法治教育融合过程中的重要过程,大学生不仅接受理论知识的学习而且可以和老师双向互动,进行相关话题的探讨。教师须从道德教育与法治教育一体化为出发点,对所要传授的知识进行充分的思考与探讨,充分利用、微信微博等工具,将知识进行生动直观的展示。通过观看教育影像或要求学生亲自拍摄微视频,让大学生发现身边的违反道德与法律的行为,对社会造成的影响以及法律对这类人的惩罚。开设问题讨论课之类的专题课程,引导大学生积极讨论社会问题,从各个方面理性分析,对违反道德和法律事件进行思考,在亲身实践与思考中强化道德与法治的认识,将自身所学知识真正运用到实践中,作为安身立命的准则。

(二)营造良好的校园与社会环境

校园文化对大学生思想政治教育作用在于它润物于无形,是潜移默化的影响。校园文化既是大学生思想政治教育的有效载体,也是大学生道德教育与法治教育建设的必经之路。打造良好的校园文化物质载体,借助大学特有的物质载体与学术精神,良好的校园文化无时无刻不影响着身处其中的大学生,并对大学生今后的行为习惯等产生重要影响。校园建设在关注基础设施建设等外在形态的同时也要注重表现其文化历史内涵。比如在建设校园时,选取具有特殊意义的雕塑放置于校园中,既彰显了个性,又使大学生自觉了解、体会其中的文化内涵,当大学生离开校园走入社会时,校园承载的已经不仅仅是大学时光的回忆,更是这些物质载体背后所蕴含的精神、风气,大学生的一言一行都会受到影响,打造良好的校园文化精神载体。大学校园里雕塑建筑是校园文化的物质载体,各类社团活动则是校园文化的精神载体。当前我国高校,有相当一部分远离市区办学,使得大学生活相对封闭,校园内的各类学术、社会实践、社团娱乐活动成为线下面对面交流的主要方式,大学生道德、法治教育内容与各种社团活动相融合,提高思想政治教育的活力。如举办高校法治文化节,既提升了大学生的法治素养,又帮助高校优化了管理。总之,通过多种多样的社团活动,使身处其中的大学生之情操得以陶冶、人格得以构筑、素质得以提高,这是精神载体的重要作用。

其次,树立良好的社会道德风气。我国经济处在高速运转时期,经济的发展在带来巨大物质财富的同时需重视道德伦理问题。中国特色社会主义已经进入新时代，社会主要矛盾已经转化为人民日益增长的美好生活需要和不平衡不充分的发展之间的矛盾，要想处理好这个矛盾，其中重要的环节就是加强道德建设与法律建设，广泛开展理想信念教育，推进全面依法治国与中国梦的宣传教育，深化中国特色社会主义和中国梦宣传教育，引导人们树立正确的价值观。引导公民正确认识并处理价值导向多元化问题，个人与集体利益关系问题等，增强大学生对我国思想道德建设的信心。

（三）促进大学生自身道德素养与法律素养的提高

首先，大学生须从思想上重视道德教育与法治教育相结合问题。“高校法治教育与道德教育的主体对象是大学生，外因是事物发展变化的重要条件，而内因是事物发展变化的根本，即大学生自身道意识的提高是进一步促进大学生道德教育与法治教育的最重要的途径，要从思想上重视二者的结合的重要性，端正学习的心态与动机。大学生要把眼光放长远，认识到虽然道德与法律的学习不能在短时间内见效，但是对自身的成长是具有深远意义的。大学生应充分理解二者的关系与结合的必要性，只有在思想上将二者结合起来，才能真正在生活中做出行动，更好的将理论联系实际，实现大学生道德教育与法治教育的目标。其次，大学生要自觉将道德与法治深入实践环节。实践是检验真理的唯一标准，大学生在接受道德与法治的教育后要自觉对所学知识进行应用。大学生可以通过多种方面的活动来展开实践，如开展志愿者社区服务活动、在公共场合注意自身行为等。大学生可以建立一个志愿者服务网络，将学校周边社区或敬老院纳入其中，开展助老、助残、法制宣传等与道德教育与法治教育相关的志愿活动，可以通过微电影，实践报告等形式将活动过程展现出来，进行总结宣传。通过自身的实践，在帮助他人的同时，自身的道德修养与法律素质也会得到快速提升。大学生是我国经济社会发展的中坚力量，大学生的道德修养与法律素养直接关系到整个国家的形象，关系到国家的未来，必须高度重视二者的一体化建设，使大学生在实现中华民族伟大复兴中国梦的舞台上书写人生篇章。

第四节　法治视域下大学生创业教育创新

在全面深入推进依法治国的时代背景下，法治成为大学生创业教育的内在要求。大学生创业教育要以法治作为重要的价值指针，保证教育全过程的合法性，培育学生的法治素养，更好地服务于未来创业可能面对的法律场景。但当前大学生创业权益缺乏制度性保障，在教育内容与教育目标上对法治的重视力度依然不够。对此，应推动创业政策向具体保障制度转变，在教育内容、活动形式以及考核体系上增补法治的缺失。

在“大众创业、万众创新”理念、文化与实践不断深入人心的今天，自主创业日益成为大学生的一大重要职业选择。为更好激发大学生的创业意识与行动，高校积极作为，在政策、平台、机制以及资源等方面为大学生提供便利，营造了良好的创业氛围，但细究起来，大学生创业教育依然存在一些问题，其中很重要的表现就是法律教育的参与不足。大学生自主创业不是简单参与市场的过程，其中还涉及知识产权、合同签订、税收优惠、企业融资、薪酬福利等纷繁复杂的法律事务。在法治逐渐成为社会治理方式的今天，从法治的视域切入分析如何更好彰显创业教育的法治性、提升大学生法律素养、保障大学生创业权益等问题，成为高校教育改革的应有之义。

一、法治视域下大学生创业教育的时代要求

党的十八届四中全会将依法治国基本方略的精神、理念以及举措进行了深化、细化与具体化，法治的文化、意识与行为更好地为社会大众所了解、熟知、接受和内化，已然发展成为时代主线。在这样的时空场域中，法治不仅成为大学生创业教育的现实背景，而且成为创业教育的发展要求与实践任务。

（一）首要前提：确保创业教育全过程的法治性

法治在高校创业教育中最直接、最鲜明的体现，就是整个教育过程合法性的遵循与彰显。从教育理念的定位到教育机制的设计，从规章制度的建设到学生创业权益的保护，都应该将法治的精神与要求贯穿其中。整体上，高校创业教育法治性主要体现在以下几个方面：

其一，推动顶层政策向学校规章制度转化。近年来，《教育部关于大力推进高等学校创新创业教育和大学生自主创业工作的意见》《国务院办公厅关于深化高等学校创新创业教育改革的实施意见》《关于高校共青团积极促进大学生创业工作的实施意见》《关于加快众创空间发展服务实体经济转型升级的指导意见》等国家层面的大学生自主创业支持政策相继出台，为大学生自主创业提供了良好的社会环境。将顶层设计转化为执行性与可操作性强的学校规章，实现大学生创业红利的制度化与规范化，成为提升创业教育法治性的重要前提。

其二，深化大学生创业权益的保护与救济。创业权益的实现程度是大学生创业教育法治化的重要评价标准。秉持法治理念，尊重大学生创业权益，力促教育机制与

举措的规范化与合法化，是高校对法治价值观念最生动形象的落实。要清楚界定大学生创业指导、创业休学、创业补贴、创业学分换算、创业税费减免等权益的实现条件与法律边界，为他们提供切实有效的力量支持；针对大学生创业权益可能被漠视、受侵害的现象，探索创业权益救济的机制与程序，确保创业权益从“文件规定”向“全面实现”转变。

（二）关键环节：推动创业大学生法治观念的生成与培育

创业教育直接指向大学生未来的市场行为。“市场经济本质上是法制经济，现代社会的任何创业行为，都是一种法律行为，必须依照法律程序，得到法律的认可。”从市场主体的确认到交易行为的完成，从竞争规则的制定或遵守到市场纠纷的规避或解决，都离不开法律杠杆的指引与规约。在依法治国的今天，法治已经构成市场进入、交易、竞争、仲裁的最重要内在规定。大学生创业也必然要求其自觉遵循市场规则，以不欺诈、正当竞争的守法态度与行为对待生产经营活动，以诚信合法的行为对待合作者与消费者。唯有如此，才能实现新创企业的稳定可持续发展和社会主义市场秩序的高效有序。因此，在创业教育阶段，为大学生植入法治观念，教授大学生企业运营的法律知识，培养他们创业过程中的法律信仰与法治能力，在依法治国的时代场域中更具关键性与迫切性。

（三）重要要求：创业教育要关注未来可能涉及的法律场景

企业新创初期，涉及注册融资、签订合同、招聘录用、员工福利、创业伙伴之间的权利义务等内容。在企业运营过程中，则必须思考公司业务的责任边界、与员工的劳动关系、商业纠纷的规避与回应等问题，这些问题表面上是经济活动，但究其实质都是法律实务的内容。大学生法治素养的高低不仅决定着他们能否在法律框架下合法规范地进行商业活动，而且有助于大学生防控商业活动中的法律风险，避免陷入法律纠纷甚至造成违法犯罪。换言之，无论是为确保商业活动的合法经营，还是预防企业经营过程中的法律风险，理性应对市场活动中的法律纠纷，都必然要以守法意识与用法能力为前提和支撑。为此，在依法治国的时空场域中，创业教育应当在教育目标与知识板块上为法制教育腾挪专门的位置，为大学生未来的创业场景进行法律知识储备和法治意识培育。

二、法治视域下高校创业教育课程的问题审视

创业教育与法治具有密切的关联逻辑，在全面依法治国成为时代主线的今天，两者的交融性更加凸显。创业教育主动融入依法治国的时代背景之中，将法治精神作

为重要的方法论指导成为高校创业教育创新发展的重要思考角度。但是客观说来，大学生创业教育无论是教育目标的设计还是教育过程的实践，法治色彩并不浓厚，教育过程中法治观念缺位以及法律体系建设迟滞等问题依然存在。

（一）教育过程：大学生创业权益缺乏制度性保障

从政策层面看，各级各部门关于大学生创业的优惠政策不断出台，使创业的大学生在开业、场所、融资、税收、创业指导、创业休学等方面具有得天独厚的优势，但从实践层面看，大学生创业权益的实现并不充分。一方面，高校积极鼓励大学生投身创业浪潮，但另一方面将创业权益具体化、针对性、操作性的力度还不够，不仅侵害了大学生的创业权利，与时代发展要求相背离，而且阻滞了创业教育的深化与延伸。

大学生创业权益的制度保障至少包括两大层面。一是国家层面关于大学生创业权益的整体规定，但是国家层面的顶层设计还需要本地区、各高校结合实际制定行之有效的具体政策制度。从当前看来，大学生创业权益具体化制度出台以及落实的进程缓慢，就以大学生创业休学这一权益来说，国家与地方、高校脱节的现象尤为明显。2015 年 5 月，国务院办公厅出台了《关于深化高等学校创新创业教育改革的实施意见》，明确大学生“休学创业”的权利，“允许调整学业进程、保留学籍休学创新创业”。当然，作为国家层面的文件难以进行细致、具体的限定，需要各地区、各高校进行精细化与精准化展开。然而，很多高校对此规定进行的是简单重复表述，执行起来也经常走形变样，创业休学的权益实现在实践中阻力重重。二是在体制机制层面，大部分高校没有就大学生创业休学的申请、审核、年限、复学机制等进行细致深入的规定，导致了“创业退学”的窘境；在思想意识层面，部分教育管理人员简单地否定大学生休学创业的权利，认为大学生创业休学是不务正业的表现，粗暴地将创业与退学划等号。

（二）创业观念培育：创业法治教育未能得到重视

如前所述，社会主义市场经济就是法制经济，脱离了法律的规约与指引，市场就会出现混乱与衰退。创业教育作为大学生投身市场经济的实践源头，针对性地培植其法治基因，是大学生创业教育的内在尺度。但当前创业教育更多地鼓励推崇大学生走上自主创业道路，更多地将时间精力聚焦于大学生创业意识、观念以及技巧，而对于如何在创业过程中秉持规则意识与法律观念却鲜有观照。

从校园创业教育文化活动内容看，存在重创业知识技巧轻创业法治精神的倾向。学校主要依托创业计划竞赛、创新创业训练营、企业见习观摩等手段，其中更多的是为大学生解决创业意识、创业认知以及创业技巧等问题，对法治的关注程度远远不够。从创业教育评价体系看，目前的创新创业教育示范高校评选、创新创业教育实效考评等活动，主要以学校创业教育场地、新创企业数量与质量、创新创业教育课程性质等为考核指标，忽略了法治精神的参与。创业教育校园文化活动是潜移默化培育大学生创业意识与行为的方式、手段，而考评体系则是引导学校创业教育方向与内容的风向标，两者都相对缺失法治元素，很难唤醒学校以及大学生对法治的重视，形成法治思维。

（三）教育内容：创业教育课程体系缺乏法治模块

课程教学是大学生创业教育最系统、最重要的依靠手段。但是，当前大学生创业教育课程在内容设计上存在短期性、简单、功利性等特点，操作性课程多而伦理价值性课程少。笔者在对广州大学城10所高校的创业教育课程的实地调研中发现，创业教育课程更多地聚焦企业运营发展过程中所涉及的知识，开设了诸如“创业管理”“人力资源管理”“市场营销”“财税计算”等课程，却没有高校就如何规避创业活动中的法律风险设置专门性课程。创业教育内容具有实用性，对于大学生创业初期企业的注册、管理、运营能够产生直接、明显的效用，但是从长期的企业发展角度而言，仅具备这些知识还远远不够。如何在创业教育课程体系中增补法治模块，将法治的理念、知识以及方法融入教育过程从而转变为大学生内在的知识体系与态度能力体系是急需破解的现实难题。

三、法治视域下大学生创业教育的创新发展

大学生创业教育必须以法治为价值指针与实践要求，在教育理念、内容、方式以及机制等方面进行调整完善，既要关注大学生的创业认知与技巧，又应当有意识、有组织地培养大学生的守法观念与用法能力。大学生创业教育与法治的互融共生应该从制度建设、课程内容调整、优化校园文化活动等方面着手。

（一）探索精细化与常态化的创业保障制度

党和国家为支持大学生创业设计了整体的法律框架，从宏观上为大学生创业教育提供了方向指引与实践思路。对此，高校应将“高而远”的政策扶持转化为“强有力”的具体制度，真正助力学生的创业活动。

其一，加速顶层制度政策向现实管理规定转化，为大学生创业权益提供法理支持。针对创业与学业可能存在的冲突情形，高校应当正视管理制度的滞后性，完善与补充创业支持制度、配套支持政策，主动将顶层创业支持的法律体系细化为创业休

学、创业补贴、创业换算学分等制度供给，拓宽创业支持法律的效用空间。如此，不仅为大学生创业提供强有力的合法性依据，而且创造了实质性制度激励，从而解决他们的后顾之忧。

其二，明确大学生创业的权利与义务。高校既要鼓励大学生加速科技创新成果转化为社会经济效益，又要防止以自主创业为名义的“不务学业”。一方面，高校要参照党和国家创业支持相关规定，将创业指导、企业融资、孵化场所、创业补贴等方面的便利以条文形式规定下来，完善大学生创业权益的保障体系；另一方面，还要设计大学生创业换算学分等权益的认定标准，明确大学生创业的权利内容以及应当承担的职责义务。

（二）完善创业教育课程的内容结构

大学生创业既是一个寻找与发现商机，整合经济要素，将科技创新成果转化为经济效益的过程，也是依照法律程序，开展社会交易的过程。领导管理、财税分析、市场营销、人力挖掘等能力是大学生创业能力的内在构成，但是创业法治能力也应当是重要的创业能力。创业过程的注册、融资、借贷、股份合作等内容，涉及民法、经济法、行政法等法律内容，如果对基本的法律规定不了解、不熟悉，就很难确保大学生创业行为在法定轨道上有序推进。

首先，应引入法学力量充实创业教师队伍。目前的创业教师队伍以商学背景为主，但是“创业法治教育需要的师资力量是具备一定法律基础知识的专业人士”，现有的创业教育师资力量难以深入开展法制教育，关于创业法律问题的讲解也大多“蜻蜓点水”。从法学专业的院系吸收商法方面的教师力量，能优化创业教师队伍结构，实现法治在创业教育过程的深度融入。

其次，可以就企业设立、融资、税收、管理等企业运营环节所涉及的法律问题开设专题课程，系统讲解应掌握的法律技巧以及应规避的法律风险，丰富大学生未来创业的法律知识储备。通过专题式讲解创业流程中涉及的法律知识、法律技巧，有意识培育大学生的法治素养，能够更好地提升大学生的法律自觉与法治能力。

（三）优化大学生创业教育活动体系

法治视域下大学生创业教育的创新发展应该发挥好创业教育活动的动力作用，可通过调整优化创业教育活动的内容与形式，改进教育活动机制，激活大学生进行法治学习的热情。

一方面，增补创业教育活动的法治元素。长期以来，学校通过成立学生创业俱乐部、组织创业计划竞赛、举行创业教育专题讲座等活动培育大学生的创业意识与创业技能。对此，学校可以利用这些已有的活动品牌，增补必要的法治主题以及内容，实现创业知识技巧与守法意识以及用法能力之间的互融共通。

另一方面，创业法治教育要搭建大学生积极体验与自我建构的活动平台。建构主义认为,学习的最本质过程是学习者的自我教育与主动建构。为此,要培养创业大学生的法治观念，就要促使大学生意识到法治的深刻价值以及与创业的内在关联。高校可以通过创业案例分析、创业模拟情境体验等形式设置具体的法律冲突情形，让大学生在活动情境中自主判断，懂得“只有在法律允许范围内的市场参与才是健康理性的,才能保证创业合法有序进行”。

（四）健全创业法治教育的考评体系

要敦促高校重视大学生的法律知识与法治素养教育，将法治的思维纳入创业教育全过程之中，可以发挥考评机制的激励指引作用。教育行政部门在对高校创业教育绩效进行考评过程中，不仅要重视学校新创企业的数量、质量，还要关注是否能引导大学生培养良好的法治素养，为大学生开设系统的创业法律教育课程。通过外在考评机制的引导与规约，既能凸显创业法治教育的重要性，促使学校自觉推动法治精神与创业教育的交融，又能推动创业法治教育的规范化、持续化与常态化，能真正促使法治成为创业教育的一大主线。

将法治的精神与要求融入高校创业教育的全过程之中，帮助大学生形成创业法治素养，已经成为创业教育改革发展的必然要求。对此，无论是教育行政部门或者高校，都应该充分意识到其迫切性与重要性，通过改革制度、搭建机制、优化教育内容等维度多管齐下，高效有序地提高大学生的创业法律知识以及健康的创业法治素质。

第五节 思想教育维度下大学生法治观教育

中共十八届四中全会提出要全面推进依法治国建设，增强全民的法治观念。大学生是中国特色社会主义事业的建设者和接班人，寄托着国家和民族的希望，只有加强大学生法治观教育，才能增强其学法、守法、用法、捍卫法律尊严的自觉性和责任感。本节从分析法治观教育是高校思想政治教育的重要任务入手，阐述了当前高校加强大学生法治观教育的必要性及对策，希望以此提高大学生法治教育的实效性。

建设中国特色社会主义法治体系，建设社会主义法治国家是我国进行依法治国建设的总目标。加强社会主义法治观教育是推进中国法治建设进程的必然要求，培养具有法治意识的高素质人才是高校思想政治教育的主要职责之一。大学生法治观念的健全与否直接关系到能否全面建设社会主义法治社会，因此，帮助大学生树立正确的法治观念是当前高校思想政治教育面临的一项迫切的任务。

一、加强法治观教育是高校思想政治教育的重要任务

党的十八届四中全会指出“要深入开展法治宣传教育，把法治教育纳入国民教育体系”，目的是要在全社会弘扬法治精神，树立法治理念，培养法治品质。法律素质是大学生重要的基本素质之一，健全和提高大学生的法律素质，加强法治观教育，是推进国家法治化进程的现实需要。

我国从 1986 年开始就在高校设立法律基础课程，将法治教育纳入高校大学生的思想政治教育工作中，迄今为止已有 29 年的历史。随着法治建设的不断发展和完善，大学生的法治观教育理念完成了由“法制教育”到“法治教育”的转变。法制教育的任务是传播法律基础理论知识，教育人们知法、懂法、守法，是对现行法律制度的诠释，而法治教育的内容不仅包括对法律制度的理解和认识，还包括“培养人对法的精神、法的原则、依法治国战略的认同，并将法治转化为自身内在的价值追求”。一般来说，法治教育的内容主要包括三方面：一是掌握有关法律的基础知识；二是形成法律意识和法律思维，培养正确的法治观念；三是提高法治实践能力。

二、加强法治观教育是高校思想政治教育发展的必然要求

（一）思想政治教育的时代性要求加强大学生法治观教育

思想政治教育具有时代性的特点，高校要结合时代要求对大学生进行正确教育。目前我国正处于全面建成小康社会，实现社会主义现代化建设和中华民族伟大复兴的关键时期，法治作为维护国家和社会长治久安的重要力量，显得尤为重要。大学生是社会建设的参与者和实践者，通过社会主义法治观教育，使大学生认识到法治是社会改革发展的保证，关系到社会主义各方面的有序发展。高校思想政治教育要运用多种手段和方法把法治理念逐渐融入到大学生的思想和行为中，增强大学生运用法律的自觉性与主动性。具有法治观念的大学生，在今后的工作岗位中，不仅自己积极践行具有时代特点的法治理念，而且能够通过自身行为影响周围人，促进法治的宣传和发展。

（二）思想政治教育的创新性要求加强大学生法治观教育

创新是事物发展的重要动力，思想政治教育的理论和方法要努力转变传统的教育理念：一是在原有理论基础上将十八届四中全会的内容和精神创造性地融入到大学生的法治观教育中；二是不断改进教育方法，激发大学生学习法治理论的兴趣；三是思想政治教育工作者要有创新理念，积极主动探索和研究新的理论与方法，克服经验主义和本本主义，使之与现代社会的法治建设相适应。

（三）思想政治教育的实践性要求加强大学生法治观教育

思想政治教育具有实践性，其最终目的是培养与社会实践相契合的，具有良好思想品德的“四有”新人。对大学生进行法治观教育，只有将其放到法治实践的环境中，才能评估出高校思想政治工作中法治教育的效果。高校思想政治教育必须结合社会现实优化法治教育内容，并引导大学生主动参与法治实践，在实践中学习法律知识，培养法律素养，提升法治能力。

三、高校思想政治教育中加强法治观教育的主要措施

（一）充分发挥学校教育的主渠道作用

（1）学校应正确定位法治教育在思想政治教育中的地位。目前，从高校开设的相关课程来看，法治教育还是从属于德育教育。“大学生以接受道德、纪律教育为主，面对实际问题时，习惯性地用道德、纪律去衡量，缺乏法律意识。”因此，在法治国家建设的大背景下，高校思想政治教育工作者必须转变旧的教育理念，坚持德法并举。

（2）发挥思政课堂对法治观教育的主阵地作用。当前高校开展法治观教育的主要任务是贯彻十八届四中全会的精神，积极探索如何将依法治国的法治理念融入到教学当中。因此，学校应该从新的视角出发：一方面，系统梳理习近平总书记关于法治的讲话内容并研究学习，掌握最新理论成果，确保教学内容的时效性；另一方面，在课堂上用灵活多样的方式将最新的法治理论传授给学生。大学生的法治教育应该紧紧围绕他们生活中所涉及的法律问题，以案例的形式呈现，运用启发式、模拟式、讨论式等多样的教学模式，帮助学生思考法律事实背后隐藏的法律理念和价值以及帮助学生领会法治在国家和社会建设中的重要性。此外，教育工作者更应该注重大学生的法治实践能力，在课下要让学生身临其境，积极参与法治宣传活动。

（3）提高教师的法治观念。教师是法治教育的主要传播者，法治观念的高低很大程度上影响大学生学习法律的动机和效果。教师不仅要掌握必要的法律基础知

识，而且必须具有坚定的法律信仰，并能够成为社会主义法治的忠实捍卫者。学校要定期对教师进行培训，包括法律法规的学习、十八届四中全会精神的解读等，此外，还要提高教师的法治教育水平。教师具备一定的法治理论知识储备后，要努力探索新的教学方法，并能够熟练运用网络技能，总结经验，提升教学水平。在法治教育过程中，教师既要坚持实事求是、与时俱进的思想品质，又要坚持“以人为本”的培养理念，着重培养学生的法治观念和能力。

（二）加强大学生法治观方面的自我教育

大学生法治观方面的自我教育是指大学生对自身的法律思维和法律行为进行的自我认识和自我调整。目前我国大学生这方面的自我教育还比较欠缺，因此，必须加强大学生的法治观自我教育。第一，激发大学生自我教育的动机。高校应该使学生明确学习法律不仅是为了应付考试，而是帮助学生树立正确的权利义务观，加强自身行为的合法性，帮助他们形成以自我发展和自我完善为导向的动机系统；第二，营造良好的自我教育学习的氛围。学校通过组织多种多样的关于法治教育方面的活动，比如组织法治宣传活动、法律演讲比赛、法庭模拟等，创造良好的条件和氛围，使学生在活动中潜移默化地提升自己自我教育的能力；第三，把学生的自我教育与社会法治需求相结合。加强社会主义法治建设，旨在强调法律至上，依法办事。所以，大学生在剖析社会热点问题时，不能盲目、偏激或者随意跟风，要辩证地分析双方观点，运用正确的法律推理形式得出自己的见解。

（三）努力营造良好的法治教育环境

大学生法治观念的树立是一个长期系统的过程，需要来自学校、家庭、社会各方的有效配合才能完成。首先，营造良好的校园法治环境。高校要结合依法治国的教育理念，推进校园法治文化建设，比如在全校举办法治文化辩论赛、开展以“法治教育”为主题的征文活动、拍摄法治教育的宣传视频等；其次，重视家庭教育。这就要求父母要走进学校，与老师沟通，了解孩子的学习内容，使课堂教学效果在家庭教育中得到强化和巩固。如果将法治理念引入家庭教育中，对孩子法治观念的提升会有很大帮助。比如，在家里，父母可以和孩子一同观看中央电视台法制频道的“今日说法”、“焦点访谈”等栏目，一起阅读法治类书籍或陪同孩子参加社区法治宣传活动等，以此来强化孩子的法治观念；最后，优化社会环境。由于现代社会信息技术的快速发展，大学生获取信息的渠道增多，容易受到各种社会思潮的影响，淡化法律观念和法律信仰。因此，国家和政府必须加大力度优化社会环境，合理利用网络、新闻媒体宣传自由、平等、法治等正确的价值观，营造一个良好的社会环境。总之，学校、家庭、社会三方在大学生的法治观教育方面扮演着不同的角色，只有三方相互配合，良性互动，才能最大限度提高大学生法治观教育的实效性。

综上所述，加强大学生的法治观教育是高校思想政治教育中面临的一项紧迫任务，它关系到我国社会主义和谐社会的构建、关系到两个百年目标和中国梦的实现。因此，我们必须高度重视大学生的法治观教育，充分发挥各方的优势，不断提升大学生的法治能力，为未来法治社会建设培养高素质的合格人才。

第三章　我国大学生法律意识的理论研究

第一节　大学生法律意识现状

大学生是我国社会群体中的重要组成部分，同时也是我国社会发展的支柱力量，大学生的法律意识，影响着当代大学生的文明发展与风貌，更影响着国家未来的发展。法律意识的教育与培养在我国的高校教育中推行多年，已经取得了一定的进展和收获，在同时也存在着一系列的问题。因此，我们应当本着客观的原则，正视大学生法律意识培养中存在的问题，并积极寻求解决方案。本节通过剖析大学生法律意识建设中存在的问题，并提供相应的策略，为高校法律建设工作的开展提供思路。

法律意识是社会意识的组成部分，是人们关于法律的思想、观点、理论和心理的统称。包括法律心理和法律思想体系两部分，前者涵盖人们对法的本质和作用的看法，对现行法律的要求和态度，常是自发形成的，属于法律意识的初级阶段；后者指人们对法律的评价和解释，对人们的行为是否合法的评价以及法制观念等，属法律意识的高级阶段，需经培养、教育才能逐步形成。在我国法律社会构建的进程中，大学生群体的法律意识建设体现了当代中国的文明发展程度，更影响着法治中国的建设步伐。因此学校教育应通过有效的手段促进法律意识在高校中的推广及渗透，为国家培养遵纪守法、正直自律的优秀人才。

一、大学生法律意识培养中存在的问题

（一）缺乏基本的法律信仰，法律意识淡薄

随着社会的快速发展，经济水平与人民生活水平得到了大幅度的提升，但针对人民精神文明建设的前进步伐却稍显拖沓。社会激烈竞争带来了人们对利益的过分关注，浮躁的社会风气严重影响了文明社会的发展。在学校法律意识的培养过程中，普遍存在着大学生法律意识淡薄，缺乏对法律的敬畏与信仰的情况，严重阻碍了学校的法律教育工作开展，且给学生的个人修养及道德水平的发展带来了不利影响。例如，近年来，大学生陷入网络借贷纠纷的案例屡见不鲜，其中不乏一部分学生为了满足自己的虚荣心，对金钱、奢侈品的过度追求，从而造成了与个人经济情况严重不符

的高消费，最终酿成了难以挽回的后果。这些案例的发生，体现了当代大学生法律意识的淡薄和个人法律信仰的缺失，在面对金钱和利益的诱惑时，无法分辨对错，最终造成了严重后果，影响了学生的未来发展。

（二）高校法律教育培养模式落后，质量偏低

目前，我国的高校虽然已经认识到对学生进行法律教育的重要性，但在实际的执行过程中，仍在存在着一定的局限，主要体现在教育模式较为落后，教育效率低下且效果不佳。高校的法律教育仅依靠法律专业的教师进行有限的教学是远远不够的，一方面专业教师资源紧张，很多教师既要承担自身法律专业的教学工作，又要承担学校法律普及教育的工作，导致教师工作压力巨大，教学工作的开展也是分身乏术；另一方面，非法律专业的教师普遍缺乏基本的法律教育常识，无法结合本专业教学内容进行法律教育的普及，从而导致教学效率的低下；再次，教学的方法仍在停留在过去灌输式的教育模式当中，教学手段及方法落后，难以吸引学生的兴趣和注意力，从而造成法律教育和普及的工作无法真正落地，自然发挥不了其效果。

（三）高校对学生的管理工作过于松散

学生法律意识的培养，离不开社会、学校、家庭和学生自身的共同努力，然而在目前的高校教育中，很多学校普遍缺乏对大学生行为习惯及个人修养的管理与提升，只抓学业而放松了对学生道德修养和法律素养的培养工作，造成了法律教育的严重滞后。例如部分大学生利用课业时间进行网络直播等活动，或在互联网平台恣意发布一些不合规范的言论，校园暴力事件频发，学校缺乏对学生的有效监管，甚至针对此类事件睁一只眼闭一只眼，不但造成了学生学习成绩的退后，更造成了部分学生沉迷于虚假的网络世界，在金钱和利益面前失去了个人的原则和底线，从而酿成了悲剧。

二、提升大学生法律意识的有效策略

（一）提高大学生法律教育的力度

法律意识的形成，是当代大学生重要的行为与思想指导，因此学校教育应不断加大对大学生法律教育的力度，加强对学校法制建设的重视程度，将法律教育融入专业课程的学习中，提高学生对社会自然法则的信仰与推崇，将依法治国的理念融入日常教学的方方面面，通过潜移默化的影响，将法律意识传播到学生当中，帮助学生树立正确的世界观、价值观、人生观，在浮躁的社会中坚守底线与法律道德准则，坚

守内心的法律信念与道德底线，从而践行法律知识，提高自我修养。

（二）优化法律教育手段，创新教学方法

随着信息技术的不断发展，学校的教育也应与时俱进，顺应时代发展的潮流，因此高校法律教育工作的开展，也应当创新思路，顺应新时代教育发展的实际要求，以多元化的教学手段促进校园法律教育的有效开展。首先，教师应从自身角度出发，引导法律教学的意识，通过意识的转变带动教学工作的创新优化；其次，学校应为学生打造良好的法律教育氛围，通过法律知识普及教育、法律知识相关活动竞赛、法律工作实践等丰富多彩的活动，促进高校法律教育工作的开展；再次，充分利用信息技术的教学手段，如视频、动画、互动、情境等模式，丰富法律教育的方法，以多元化的教学内容带动学生对法律知识学习的兴趣，从而促进教育效果的提升。

（三）强化学校的监督与管理

学校教育应当本着认真科学的态度，加强对学生个人道德水平与法律观念的管理与培养，通过有效的监督机制，约束大学生的个人行为，提高道德标准，建立法律意识。如整治校园网络直播、网贷、校园暴力等不良行为的发生，联合家长的力量约束学生的个人行为；加强对网络诈骗问题的宣传和普及力度，组织学生学习如何防止网络诈骗的有效方法，提升大学生的警惕性和法律认知；一旦出现大学生违反法律及道德标准的行为，严格惩处，并通过一定的手段杜绝此类事件的再次发生，从而实现学校监管的作用。

大学生法律意识的提升，离不开学校的有效管理，因此学校教育应加强对大学生法律意识及道德修养的重视程度，优化法律教育手段，加强监督管理，从而唤醒学生对法律的敬畏与信仰之心，约束个人行为，促进法律意识与道德标准的提升。

第二节　大学生法律意识薄弱问题

法制教育是当今时代一个重要的课题，大学生是社会的主体，是未来国家的创建者，所以法制教育对大学生来说至关重要。虽然有关法律的教育取得了一定的成就，但是在大学生的法律意识方面还存在着一些问题，解决这些问题，需要从教育本身入手，同时也要遵守一定的原则，切实加强大学生的法律意识教育，引导大学生做一个知法，懂法，守法，用法的当代社会的法律人。

近年来，随着我国“依法治国”基本国策的提出，社会主义法制得到了不断的完善，法律对社会生活的影响日益显著。然而，要实现国家的法治建设，依旧是任重而道远，要完成建设社会主义法治国家与社会主义法治体系的宏伟目标，必须要从教育抓起。随着法制教育的开展，法制观念逐渐深入人心，这一项工作取得了良好的成果，但通过研究发现，大学生的法制教育中还存在一些不足，大学生违法犯罪现象时有发生。

大学生法律意识薄弱，对一些问题属于一知半解，虽然懂法却不知道如何用法，或者有时候还会忽视法律的作用，认为它们只是一些摆设，更甚者采取高科技犯罪，种种问题、种种现状，都显示了大学生的法律意识教育存在着问题。

一、大学生违法犯罪现象不断增多

一些日子以来，大学生违法犯罪现象增多，而且犯罪类型向智能化与多样化发展。从发生在高校里的一些案件来看，尽管我国高校的法律基础教育比较普及，但是大学生的法律意识还是相当薄弱的。例如，清华大学学生刘海洋泼熊事件，云南大学马加爵杀人案等等。当代大学生犯罪涉及的罪名比较单一，仅涉及盗窃和故意伤害罪，大学生犯罪的侵害对象多数是同学，越熟悉的人越容易成为被侵害对象，如同宿舍同学。因此，高等学校高度重视大学生法律意识教育是非常重要的，这样有利于引导，保障大学生的健康成长，预防和减少大学生犯罪。

二、法律教育在当代社会的重要性

作为当代的大学生，作为未来的社会主义市场经济的建设者，作为 21 世纪中国参与国际竞争的高素质人才，如果没有相应的法律知识，没有较强的法制观念和较高的法律素质，就不能适应市场经济和社会发展的需要。培养良好的法制观念和法律素质，有助于大学生树立社会主义公民意识，增强公民权利义务和当家做主的责任感，为将来投身到社会主义建设事业，并在社会生活中带头学法、守法、用法，减少犯罪起到重要作用。对于改变我们民族多年来形成的轻视法律的心理、为社会主义法制建设创造良好的心理环境，有其重要的作用。现代法制社会要求每个社会成员都应该学法、知法、守法，依照法律从事生产和生活，一切活动必须纳入法制的轨道。

三、法律意识问题与教育的关系

大学生法律意识薄弱与高校的法制教育有着不可分的联系。首先，学校是受教育的地方，但是当前不少中学为片面追求高升学率往往把教育好的学生视为学校的资本，当作重点培育对象，很少有时间学习法律知识，放松了对学生的法律意识教育，这些高考的佼佼者进入大学以后，没有了老师与家长的约束，很容易违法犯罪；

其次，高校法律意识教育重视程度不够，由于就业的压力，大多数高校只重视专业课的课程安排，对大学生的法律意识教育也没有突破传统教育的人才培养模式，仅是一种形式上承认法律意识教育的存在，而在实践或教学活动中忽视甚至放弃对大学生的法律意识教育，对于法律基础的教育，只是敷衍了事，有的学校为了应付上级检查，临时让没有任何法律知识背景的人来传授法律基础知识教育。法律意识教育在源头处已经出现问题了，更别说以后的过程了，最后，高校对大学生的法律意识教育目标过低，在21世纪的课堂上，仍然能看到20世纪法律意识教育目标的身影。现在高校的法律课堂上，依然是仅侧重法律条文的机械式讲解，不注重法制观念和法治思想的培养，作为中国人才培养摇篮的高校，如果法律意识教育的目标还停留在过去的层次上，运用以前的教育模式与方法，其所培养出来的大学生不会符合现代社会对人才的要求。法律意识教育并不是对法律知识的照本宣科，要想取得良好的教育成果，离不开高校对法律教育的重视，如果以法治国没有高素质的大学生的支持，依法治国是不可能实现的。

四、大学生法律意识具有多重特点

（一）层次性

由于大学生的年龄不同，所学专业不同，而体现出大学生法律意识的层次性，从而具有不同水平的法律意识。除此之外，不同专业的学生由于所学知识和专业的不同也导致了其法律意识具有不同的特点，对于一些文科性质的专业，特别是法学专业的学生而言，接受法律意识教育的课程时间相对较长，但是对于一些理科性质的专业，他们学习法律知识的时间少之又少，这就决定了文科与理科学生在对法律知识掌握程度是的差异，从而导致大学生法律意识存在着层次性。

（二）矛盾性

矛盾性是大学生法律意识的又一重要特征，大学生在心理上正处于年少气盛的阶段，认为自己已经成年，需要社会的认同，并且希望尽展心中理想，希望将自己所学运用于实践当中，正因为心中的理想，使得他们对社会上的一些不法现象表示愤慨，采取一些极端的做法，不仅没有用法律知识解决问题，反而使得问题严重或者使自己受到伤害，所以一定要了解学生心中的真实的想法，从源头真正帮助到他们。

（三）发展性

大学生接受的是高等教育，具有较高的文化知识，但是他们没有真正接触过社会，缺乏一定的社会经验，他们正处于成熟与完善阶段，法律意识也处于不断修正与完善的时期。所以法制教育也要与时俱进，根据社会与国家的发展不断更新内容与方法，采用务实的态度与切实的措施来推动法制教育的发展。

五、进行大学生法律意识教育的着手点与原则

（一）法制教育的着眼点

大学生法律意识薄弱需要从教育入手，首先，建立长期的，具有延续性的，相对独立的法律意识教育机制，加强法制重要的是要进行教育，根本问题是教育人。再者，发挥课堂教学作用，改进思想道德修养与法律基础的课程的授课手段，着力培养大学生的法律知识，其次，开展法律实践活动，使大学生在实践活动中形成法律知识，使他们具备一定的实践经验，不再是口头上的知识，走出课堂，让案例说话，同时构建高效，家庭，社会三位一体的大学生法律意识教育体系，增强大学生的法律知识，提高其法律素养，不单是高校的责任，也是家庭的责任与社会的义务，法律意识教育问题，需要全社会的共同关注，需要各个环节紧密配合。除此之外，国家方面要树立全方位的大学生法律意识教育理念，创新大学生法律意识教育内容，教育部要调整大学生法律意识教育方法与途径，使得大学生法律意识教育与思想道德教育协调统一，政府职能部门则应该力所能及地为高校排忧解难，切实采取可行的措施，优化社会大环境以及校园环境。

（二）法律教育需要遵循的原则

说到法律意识教育还要遵循一定的原则。与时俱进，就是要求我们在进行法律意识教育的过程中要永远站在时代的先列，不断更新法律意识教育的内容，面对新形势下法制建设的机遇与挑战，解放思想，及时调整教育目标与教育活动中各种资源的配置，建立多样化的法律课程体系，不断探索，勇于改变；实践原则，就是进行法律意识教育必须从中国法制建设实践出发，从实事出发，不能仅限于口头法律，理论联系实际，客观分析评价社会法律现象，促使大学生有效参加社会法治实践，使他们在社会实践中不断提高自身法律知识；系统性原则，大学生法律意识教育的内容具有一定的系统性，既有基础性内容，又有实用性内容，同时进行学校，社会和家庭的互动联网教育，共同关注和提高大学生的法律意识；针对性原则，法律意识教育要针对不同水平的学生，因材施教，由浅入深，循序渐进，启发引导，帮助大学生走出法律知识的误区，及时解决有关法律方面的问题另外，要结合大学生的专业特点和实际要求，把握授课的深度和广度，体现针对性原则。

大学生的法律意识教育促进了大学生的全面发展，同时推进了依法治国政策的施行。大学生是我国社会主义事业将来的建设者，是法制教育的传播者，所以说一定要加强对大学生的法律意识教育，使大学生领悟社会主义的基本内容以及具体法律知识，提高运用法律理论知识解决法律问题，分析法律问题以及指导自身能力，不断增强法律知识，进而带动全社会法律教育的前进。

第三节　大学生法律意识的功能及培育

大学生法律意识是大学生的法律观点以及对法律的情感和态度，具有导引、教育、辨别、规范、自我保护等功能，也是大学生成长成才的重要素质之一。进入社会主义新时代，培育大学生法律意识需要加强学校法律修养方面的教育，强化法律的权威地位，加强法律思维的训练，充分发挥大众媒介的重要作用。

马克思主义认为，意识来源于物质，是物质世界发展到一定阶段的产物，是对客观物质世界能动的反应。“意识一开始就是社会的产物，而且只要人们还存在着，它就仍然是这种产物。”意识作为一种观念形态“不外是移入人的头脑并在人的头脑中改造过的物质的东西而已”。根据意识所反应的对象的不同，人们一般将意识划分为自我意识、社会意识等不同类别。法律意识作为一种社会意识，在国家大力推进“依法治国”和改革创新发展中国特色社会主义市场经济的时代背景下，在大学生成长成才和社会参与过程中发挥着越来越重要的作用。

一、大学生法律意识的内涵

法律意识是社会意识的一种形式，表现为人们的法律观点以及对法律的情感、态度。一般认为，法律意识由法律心理、法律观念、法律理论和法律信仰四部分组成，其主要内容包括对法律的本质、内涵、功能的看法，对现行法律、法治、法制的情感和态度，对法律的理解和评价，对个人法律权利和义务的认识，对行为合法性的评判等。概言之，大学生的法律意识是大学生对法律和法制的理性认知、情感意志、信任信仰等多种心理要素相互交融的综合体，是大学生对法律、法制、法治及其现象能动的反应和主观把握方式，是存在于大学生群体中一种特殊的社会意识体系。有关研究显示，当前大学生群体中还一定程度上存在着法律认知水平较低、法律观念模糊、法律意识淡薄、法律思维不强、法律责任感较弱、甚至违法犯罪等问题。

二、大学生法律意识的功能

法律制度及其现象是法律意识产生的物质基础，没有法律制度等形式的法律存在，科学的法律意识就不会凭空产生。同时，物质与意识的辩证关系也告诉我们，虽然法律意识受到法律制度等法律存在的影响和制约，但是法律意识不是对法律制度及其现象简单、机械地反应，而是对现行的法律、制度等法律存在具有能动、积极的反作用。实践表明，法律意识在一定程度上影响着国家法制建设的方向和路径选择，决定着法制国家建设的成败。可以说，法律意识既是社会主义法治国家建设的出发点和要求，又是建设社会主义法治国家建设的重要内容。大学生是未来社会主义建设的主要生力军，其法治意识功能发挥对个人成长成才，对积极推进“依法治国，建设社会主义法治国家”都具有十分现实的意义。

（1）导引功能。大学生积极的法律意识有助于完善社会主义法律体系，推进社会主义法制建设。新中国成立之初，我国社会法制基础比较薄弱，法律在国家治理和人民生活中的权威地位尚未完全确立，国家法制进程整体推进较为缓慢，其中一个重要的原因是社会公民缺乏基本应有的法律意识和运用法律维护个人权利，解决社会问题的能力。改革开放以后，随着社会主义市场经济的不断完善，对国家法制建设提出了越来越高的要求，同时也倒逼着社会成员法律意识的成长和完善。大学生作为政治思维活跃，政治敏锐性较强的一个群体，能否成为未来社会主义法制建设的生力军，与其法律意识状况有直接关联。这不仅体现在大学生法律意识的强弱程度上，也体现在法律意识对大学生法律行为，即大学生对法律的崇尚，支持和践行方面，具有很强的行为导引功能。

（2）教育功能。培养大学生法律意识的形成离不开教育，大学生法律意识一旦形成，也会对大学生成长和生活产生巨大的教育功能。也就是说，大学生法律意识离不开必要的法制教育，需要通过诸如大学生“思想道德修养与法律基础”等相关课程讲授基本的法律知识，帮助学生了解国家法律，特别是我国宪法的主要内容和基本精神，认识“依法治国，建设社会主义法治国家”的必要性和重要意义，以及自身具有的正当法律权利和应当履行的法律义务。大学生只有在具备了一定的法律意识之后，才能更加积极、更加自觉、更加深入地学法、守法、护法、用法，用正确的法律意识进行自我教育，并指导、规范自身的日常法律行为，学会用法律思维观察、分析、处理社会现象和问题，将法律视为自己终身受用的工具，成为大学生日常生活的一部分。

（3）辨别功能。法律是辨别是非善恶、评价事物好坏的基本准则和依据。大学阶段是大学生法制观念形成和发展的重要时期，也是个人多元文化价值交流交融交锋碰撞较为显著的时期，这无疑增加了当前大学生做出正确事实判断和价值判断的难度。就法律意识的辨别功能而言，至少包含两方面的内容，一是法律意识有助于大学生自觉守法、依法办事、始终坚持以法律为准绳；二是大学生法律意识有助于推动社会主义法制建设，维护法律尊严，辨别是非善恶，评判社会公平正义、法律实施效果，有助于对司法机关相关法律活动开展有效监督等等。

（4）规范功能。在阶级社会里，作为特定社会的上层建筑和一种国家治理手段，法律产生于一定的生产关系之上，具有明显的阶级性。社会主义法律是社会主义国家统治阶级意志的集中体现，是国家调节生产关系、社会关系、人际关系，调整国家政策、民间习俗，规范社会行为的外部强制力量。一方面，这种外部强制力量是形成大学生法律意识的前提和保障，缺乏具有约束力的法律作为基础，法律意识的形成和发展也就成了无源之水；另一方面，法律意识一经形成，就会内化为指导、规范大学生行为的内在力量，驱使大学生更加自觉地依照法律要求行事，大学生行为的合规范性很大程度取决于其法律意识的建构和提升。

（5）自我保护功能。法律是现实生活中人们需要共同遵守的基本准则。任何人都不能超越法律规定的范围行事，否则就要受到法律的制裁。更好地发挥法律的这种威慑力离不开人们具有必要的、基本的法律意识，如此才能在社会实践中依法、尊法、守法、护法，才能更好地履行自身的义务，维护正当合理的权利。也就是说，只有具有一定的法律意识，才能自觉地履行法律，将法律作为捍卫自身权利的武器。因此，法律意识在某种程度上也是一种自我保护意识，具有自我保护的功能。

三、培育大学生法律意识的途径

正因为大学生法律意识在社会主义法治国家、社会主义市场经济建设和个人成长成才过程中的基础作用，以及当前大学生法律意识存在有待进一步完善等问题，探索培育和健全大学生法律意识的途径就显得尤为重要和必要。

首先，加强学校法律修养方面的教育。法律意识的培育，正确法律观念的形成离不开必要的法律知识。没有一定的法律常识作为基础，就很难培育正确的法律观念和法律意识。“思想道德修养与法律基础”是大学新生公共必修的法律教育课程，是传授法律知识，培养大学生法律意识的主要渠道。用好这个渠道，真正发挥“思想道德修养与法律基础”课程在培育大学生法律意识过程中的重要作用，除了教育行政部门给予高度重视和经费、课时、师资等前提保障外，在相关教材编写、课程教学方法方面也应有所创新和改革。尽可能多地选用贴近学生的生动案例和大众语言将晦涩难懂、复杂深奥的法律条文和事例形象地呈现在大学生面前，避免一味地“填鸭式”、“灌输式”教学，使学生在情感上主动愿意去了解、学习有关法律知识，在行动上积极遵循法律要求，护法、守法，使学生切身感受到法律是与他们息息相关、须臾不可分的重要行为准则和规范。

其次，强化法律的权威地位。全面依法治国是社会主义新时代下建设中国特色社会主义的重要方略之一，也是发生在国家治理领域里的深刻变革。这里所依据的法律首先是中华人民共和国宪法，作为我国的根本大法，宪法是全体中国人民意志的集中体现，代表着全体中国人民的根本利益，具有绝对的权威性。强化宪法在学生心目中的权威地位，一是要学生对宪法的基本内容、产生形成和发展、以及宪法在社会生活和国家治理中的地位和作用等问题有清楚地认识；二是要在社会各个领域努力营造一个有法可依、有法必依、执法必严、违法必究的一以贯之的法治环境；三是着力培养学生对法律的情感认同，形成大学生尊崇法律权威的前提基础和内心强大力量。此外，大学教师还应加强自身法律践行，依法依规办事，主动护法守法，以身示范，打造优质的法治校园环境。

再次，加强法律思维的训练。掌握了一定的法律知识和常识的大学生能否以及在多大程度上按照法律规范行事，其中一个重要的因素在于其法律思维的成熟和完善程度。概言之，法律思维是一种“按照法律的规定、原理和精神，思考、分析、解决法律问题的习惯与取向”，是大学生将法律认知转化为法律行为的桥梁和重要条件。另一方面，法律思维的完善又会反过来推动法律认知向深入和完善发展。没有法律认知作为基础，法律思维就成了无本之木，缺乏必要的法律思维，法律认知的发展以及运用法律的能力就会因缺乏更新和完善的动力而受到制约。

最后，在新媒体不断涌现的媒体环境下，应注重发挥大众媒介在培育大学生法律意识过程中的重要作用。一是要发挥大众媒介覆盖面广、影响力大的特点，进行积极的普法宣传。通过广播、报纸、电视、网络传播法律知识、宣扬法律精神、展示国家法治建设的成果，构筑大学生法律意识的思想基础。二是加强新媒体舆论环境的法治建设。新媒体已经深度融合大学生的日常生活，成为大学生接受资讯、认识社会、参与政治日用而不可离的重要工具和途径。新媒体时代，丰富的法律信息遍布于整个舆论场域，并借助新媒体不断传播、流转，对大学生法律意识的形成和发展持续造成影响。因此，加强新媒体及其舆论环境的法治建设，是培育大学生法律意识不可忽视的重要一维。

第四节 传统道德与大学生法律意识

我国传统文化历史悠久、源远流长，传统道德是传统文化中的重要部分。传统道德不仅在我国古代社会的发展中产生了重要影响，而且对当代社会也意义重大。大学生作为民族的希望，祖国的未来，是中华民族传统文化的传承者和接班人，传统道德对当代大学生发展具有重要影响，同样的对大学生法律意识也具有独特而深远的影响。

中国传统文化历史悠久、底蕴深厚，其中传统道德是当代中国政治建设和思想政治教育的基础和依据，它为我国的进一步发展提供了更多的资源。在当前“依法治国”和“以德治国”的背景下，传统道德对当代大学生的法律意识具有重要的影响，此外，对我国当代大学生的道德规范教育和法制文化教育改革也具有现实价值。

一、中国传统道德以及大学生法律意识概述

尊礼重德是中华民族的传统，在文明发展的历史长河中，孕育形成了中华民族传统道德。传统道德包含了善、诚、义、公、孝、忠等内容，主要以我国古代的儒家伦理道德为主要内容，其中还包括了墨家、道家、法家等传统道德思想的精华在内。在经过了两千多年的历史过程中，儒、墨、道、法等各家伦理思想以及佛家所说的心性之间相互影响，互相吸收，进而形成了最具中国特色的伦理道德传统。我国传统文化深刻的影响和支配着大多数人的思想和行为，传统文化对个人的生活工作以及人与人的交往都有着重要的影响。传统道德是我国传统文化的重要组成部分，传统道德文化的不断发扬和传承，是中华民族生存和发展的根本，是中国各族人民最重要的精神力量。

当代大学生法律意识是大学生在新时期对法律现象的认识、评价和解释，以及大学生的法律心理、法律态度以及法律观念等等，从某种意义上说，大学生的法律意识最终决定了他们在相关法律和社会层面上的心态和行为。

二、中国传统道德和大学生法律意识的关系

中国传统道德与法律意识的关系十分密切，二者相互影响，不可分割。我国传统道德文化涉及人们生活的方方面面，渗透到每一位中华儿女的心里，形成了民族共同的心理，形成了历史性的并具有传承性的传统道德文化。当代大学生代表着中华民族的未来，对于传统道德文化的学习、传承以及发扬，有利于引导他们的法律意识更好的形成以及强化。而从另一个角度来讲，传统道德也有优劣好坏之分，良好的中国传统道德对于大学生系统地形成法律意识方面发挥着积极的作用，而不良的中国传统道德则会有损大学生法律意识的形成，甚至对当代大学生树立正确的人生观、价值观以及世界观具有不利的影响。因此，在对大学生通过传统道德进行法律意识培养的同时，要注重对传统道德进行筛选，根据大学生自身情况，因材施教，取其精

华，弃其糟粕。

三、中国传统道德对于大学生法律意识的影响

中国传统道德对现代大学生的法律意识影响是不言而喻的，主要表现在以下几个方面：

（一）中国传统道德对当代大学生法律意识的树立以及形成具有一定的影响

人们思想意识的形成都来自于社会生活，当代大学生处在二十一世纪的新时期，信息时代的变化加快，我国经济以及政治的不断改革，民主建设以及法治建设的不断加强，这些都对大学生的思想意识以及法律意识具有深远的影响。中国传统道德是中华民族精神思想和传统文化的核心，当代大学生作为社会的栋梁，对促进社会的全面发展发挥着巨大作用，而大学生进行传统道德文化的学习，对于他们的思想和法律意识都具有一定的改变作用。

（二）中国传统道德对当代大学生的法律精神培养具有重要意义

我国有着悠久的历史和深厚的传统文化。在历史文明中，一些优秀的精神思想如雨后春笋般涌现，例如：孔子的“己欲立而立人，己欲达而达人。”等关于人的思想主张，“先天下之忧而忧，后天下之乐而乐”展现了范仲淹的爱国情怀等等。这些优秀的传统文化思想对中华民族精神思想和民族的发展做出了巨大的贡献。在当下，这些优秀的道德传统文化依旧具有社会道德的实际价值和意义，对于当代大学生而言，丰富多彩的传统道德文化为大学生的学习提供了丰富的内容，有助于培养大学生的法律意识，对当代大学生法律精神的培养同样具有重要的意义。

（三）中国传统道德能对当代大学生的法律意识给予补充和指引

新时期环境下的当代大学生对待事物态度积极乐观，具有较强的求知欲，热衷于突破和创新，但他们也存在很多不足和缺点，比如有些学生存在集体观念不强、缺乏责任感、承受能力较弱，还有法律意识也很薄弱，甚至有的大学生的法律意识缺乏，存在空白的现象。然而，中国传统道德文化对追求公平公正，向往和平理想的法治社会的大学生，在法律意识上可以给予相应的指引和借鉴，同时对大学生的行为意识也能起到约束的作用。从法律法规的认知角度出发，当代大学生心理渴望获得法律条款的实践知识，并希望使用法律武器来进行自身合法权益的维护，他们需要对法律知识进行深入的学习和了解，然而对法律的深入学习研究更需要对中国传统道德文化进行深刻的理解和认识。

四、当代大学生法律教育存在的问题以及对当代大学生进行法律意识加强的措施

在大学生法治教学过程中，目前依然存在着一定问题，导致大学生对法律知识的接受不够全面系统。首先，进行授课的教师普遍不是法律专业的教师，没有接受过系统全面的法律知识教育，对法治思想了解不透彻，同时思政教师缺少法律方面教学内容的专业培训，相应的法律教学就不够专业全面。其次，法治教育和思想道德教育的教学工作目前没有进行完全区分，多数高校法治教学只体现在教材某一章节，所占比重较小，学生重视程度不高，很容易造成学生学习上的放松，知识层面的模糊，相应的课程体系设计还需完善。再是教学方式不够新颖，还是以传统的介绍法律条例的方式居多，学生的学习比较枯燥乏味，导致学习兴趣不高。

因此，高校要做好相应的教育教学体制改革，才能使大学生的法律意识培养得以进一步提高。首先，进行教学体系调整和课程设计改革。针对各个高校实际情况，机制允许、条件充分的一些高校，可将《思想道德修养与法律基础》课程拆分，单独设立《大学生法律基础教育》课程，同时加强师资队伍建设，积极引进法律专业教师开展教学；针对部分基础相对薄弱、条件上目前还不允许法律课程单设的高校，在教师的选择上尽可能要专业化，选择部分专业的法学教师或受过专业学习的教师来进行教学工作，非法学专业的教师从事相关教学工作，需在岗前和教学中期定期不间断的组织和安排相关法律知识教学培训，可通过赴校外培训和邀请专家来校等形式进行。其次，积极创新教学方式，将课堂教学与课后实践教学相结合，将理论讲学与案例教学相结合，多增加当前社会热点案例和大学生犯罪案例切入，如同桌聚餐人员相互安全责任、酒驾与车让人交通新规、校园贷等，通过以上内容，不断增强学生学习的主动性和自觉性。

加强法制宣传有助于提升大学生法律意识。学校可以在一些有关法治的节日，比如国家宪法日、全民国家安全教育日、消费者权益保护日等等这些节日做好相应的法制宣传，普及法律知识，更好地提升学生的法律意识。首先，鼓励大学生踊跃参与到法制宣传工作中，学校可以通过校园广播、宣传栏等方式进行宣传，提升学生的参与积极性。其次，学校可以进行相关的法律讲座，比如邀请当地法院、检察院、律师事务所等一些法律相关部门的专业人员来开展专业的讲座，让学生更进一步了解法律知识，从而提升法律意识。

综上所述，中国传统道德文化对当代中国大学生的法律意识影响不容忽视，作为一名新时代的大学生，应该积极主动的了解和学习优秀的传统道德文化，发扬和传

承中国传统文化,吸收其精华,在传统道德的基础上培养良好的法律意识。

第五节　新时代背景下大学生法律意识

法律意识是全面推进依法治国的关键因素,在新时代背景下,大学生作为国家和社会发展的后备主力对于依法治国的全面深入推进意义重大。本节以大学生法律意识内涵和功用着手,阐述了当前大学生法律意识现状和原因,进而提出了大学生法律意识的培养和提升路径。

一、新时代背景下大学生法律意识

高校作为大学生人才培养的主要输出基地,在依法治国的进程中应重视大学生法律意识的培养和提升。法律意识也是一种社会意识,是社会公民对于法律的一种情感和态度。具体而言,法律意识是由法律心理、法律观念、法律理论和法律信仰组成,是对社会现行法律、法治、法制的一种情感认知和价值认同。大学生作为社会群体存在着一种特殊的群体社会意识体系,在学习生活中对法治和法制有着基础性理论了解,同时在学习进程中能形成情感认同和理性认知并形成法治信仰。因此,大学生法律意识内涵是对于法律中权利和义务的思辨性和心理性认知。意识作为行动的主导,能有效支配大学生肢体行为。大学生作为社会主义法治建设中的中坚力量,在依法治国的进程中发挥着重要的作用,大学生法律意识的培养和提升关系着国家和社会的平稳有序发展。提升大学生的法律意识将会直接提高我国法治建设的可持续发展。同时,大学生群体对于全社会法治意识的提升有着显著的引领作用,大学生作为知识性的社会群体会融入到社会中的各个群体中去,大学生法律意识的形成将会促进社会群体法治意识的提升。

二、大学生法律意识现状缺失成因分析

在互联网的影响下,大学生法律意识问题被推到了敏感地带,呈现出了多样化的特点。第一,大学生对法律认知程度和水平较低,对于非法学专业的学生而言,缺少对法律基础性知识的了解,缺乏法律知识、概念以及观念。第二,法律情感意识淡薄,情感认知对于大学生的学习十分重要,在法治进程中法律情感意识直接决定着学生的法律意识,这也会影响到大学生对法律的正义感、信任感以及责任感。第三,法律信仰原则缺失,法、理、情对于大学生而言应是三位一体的集成概念,法律原则指引和约束着大学生的生活,大学生唯有心中有法律信仰,才能将其作为行为准则。

大学生法律意识的缺失与社会、学校以及学生自身的发展有着密切的联系。随着

社会的发展，我国经济和文化呈现出多元化的趋势，校园文化也面临着社会外界文化的入侵，网络媒介在学生群体中出现激增的趋势，这些都为校园文化建设带来了压力。然而，现阶段我国正处于法治进程中，法制环境尚未健全，大学生对于社会中违法、犯罪知识只是一种表面性认知，对于法律的接触和认识的机会较少，他们仅仅是把法律认为一种惩戒的工具，却没有认识到法律中体现出的公平、公正以及权利和义务等。同时，高校法制教育的不足也影响着大学生法律意识的提升，高校教育往往对于思想道德教育多为倾斜，而在法治和法制教育中课程设置不合理，教学资源不充足，没有突出法律基础和法律修养的教学，这严重阻碍了大学生法律意识的形成。而作为学生自身而言，正处于人生观和价值观形成的重要阶段，在心理和心智等方面正处于过渡发展期，往往情感因素占主要地位，同时受到外界因素的影响，缺少法律思维的形成。

三、大学生法律意识提升路径探析

（一）重视高校法治教育，创新法制教育内容和形式

高校是大学生学习成长的主要场所，对于大学生的全面成长有着重要的影响。因此，在高校要重视法治教育，在法治教育中进行创行和改革，丰富法制教育的形式和内容。其中尤为关键的是，高校要转变教育观念，提升大学生法律课堂教学水平。在具体实际教学中，优化课程设置，适当增加法律课程的分值和比重，对于大多高校而言仅仅开设《思想道德修养和法律基础》一门课程，显然这种大课教学模式对于大学生法治意识的形成效果不明显，可以在法律课程上设置一些与学生生活和学习有关的法律课堂，打造“实践性”和“理论性”并行的教学模式。法律是一门实践性和应用性的学科，在平时的教学中要丰富课堂的教学形式，在法律基础课程教学中可以融入“翻转课堂”、“慕课”、“案例教学”，呈现多元化的教学形式，唯有这样才能提升课堂教学效果，激发学生的学习兴趣。同时，可以举办一些实践教学，如小组辩论、讲座学习、模拟法庭等校内实践性活动教学，提升法律课堂的吸引力，也可以让学生积极参与到校外实践中去，如社会实践、专业实习中亲身感受法律的魅力。

（二）发挥网络法治作用，提升大学生媒体素养

随着互联网的发展，网络媒体与大学生产生了密切的联系，对大学生产生了较为广泛的影响。微博、微信、QQ 以及论坛、视频 APP 等网络媒介在大学生群体中广泛传播，智能手机、APP、网络直播越来越流行，这些与网络接轨的网络媒介与大学生的学习、生活产生了紧密的联系，然而，多元化的信息传播渠道，势必会造成复杂的网络文化。因此，高校应充分发挥网络在法治中的作用，积极引导和提升大学生对媒

体的使用；在法治教育中，高校要利用网路媒介的优势，在网络平台上开展内容丰富的法治教育。比如，可以学习国家层面的举措，如中共中央宣传部打造的“学习强国”平台，这种综合性的学习平台对于大学生法律专题的学习也是比较重要的。具体而言，高校要充分发掘自媒体的优势，可以创设法治教育微信公众号，定期向学生推介一些具有代表性和典型性的法治教育案例；完善网站论坛建设，在学校网站上创设法治教育论坛，对一些敏感性社会问题从法律层面进行讲解达到“吸粉”效果；发挥网络直播的优势，精选案例以直播的形式与学生进行互动，为学生提供一个互动性交流平台；占领网络广播制高点，加强法律教育的宣传和法律意识的培养；提升学生的媒体素养，邀请专业人士开展专题讲座。唯有占领着网络高地，高校在教育教学中才能集中优势提升法律教育和法治教育，进而提升大学生的法律意识。

（三）加强校园文化建设，营造校园法治氛围

法治意识是一种社会意识，同样法治意识也是一种文化表现。文化自信是最基本、最持久、最深厚的自信。在法治教育中文化元素同样占据着重要位置，大学生法治意识的提升与外在影响因素——校园文化应当作为法治意识的基础性存在。在大学校园中，大学教育要大力培养和塑造学生的主人翁意识，构建一个和谐、法治文化氛围。作为校园文化建设的参与者，教师、学生、事物管理人员和后勤人员等，在校园文化建设中要突出法治和法制的特点，以法律文化的导向性与规范性为依托，对大学生品行进行教育和引导。比如，校园活动中可以引入法治教育专题，进行一些公开性的法治辩论赛；大学社团活动要打造一个法律讲堂平台，为学生普及法律常识；学校的日常事务管理，借鉴法治管理模式等。以法治宣传和法制管理为根基，营造“民主参与、依法治校”的法治理念，学生在潜移默化中受到法律的“熏染”，提升大学生的法律修养，为大学生法治意识的提升夯实基础。

（四）坚定理想信念，树立法治信仰

高校教育可以有效推动大学生法治意识，而作为受教育主体，在法治教育中的前提必须有着坚定的理想信念和法治信仰。学生主体的法律信仰是学校教育和社会活动开展的前置因素，唯有学生的法治信仰才能引领、规范、约束和激励学生的成长，学生的信仰就是个人的行为指南。尤其在多元文化的影响下，文化的碰撞和交流势必为学生带来一定的冲击，而坚定的理想信念是大学生成长的基石，所以，大学生法治意识的提升应建立在忠诚的信仰和坚定的信念之上。在新时代社会主义背景下，用法治来引导学生的行事规范以及价值观。从法律与社会主义核心价值观入手，社

会主义核心价值观为主，法律为辅，将法治思想深入到课本之中，激发大学生的自我觉醒，增强对法律的认同感，内心形成对法律的信仰。

第六节　大学生法律意识培养的意义

随着我国法制建设的不断深入，大学生作为我国未来社会建设的主力军，在大学期间加强对其进行法制教育，培养大学生法律意识，使其掌握基本的法律知识具有十分重要的积极意义。培养大学生法律意识是实现依法治国的内在要求，同时有助于全面提高大学生素质，提高大学生自我保护能力，为其走向社会提供坚实基础。

2014 年 10 月，党的第十八届五中全会对如何加快推进依法治国，全面建设社会主义法治国家做了深入讨论和部署。随着我国社会经济的不断发展，依法治国已成为我国构建和谐社会实现中国梦的必由之路。在这样的时代背景下，加强大学生法律意识培养，提升大学生基本法律知识无论是对社会主义法制建设还是对大学生自身素质提高都有十分重要的意义。

一、大学生法律意识培养是实现依法治国的内在要求

全面推进依法治国，加强社会主义法制建设要求在立法上完善社会主义法律体系，做到有法可依；在司法上不断推进司法体制改革，做到执法必严，而这些都必须落实在全民的守法层面，做到有法必依，全民守法要求公民具有一定的法律意识。公民法律意识首先表现为公民对法律权威的认可和对法律秩序的信仰，在国家“立良法”的基础之上相信遵守法律所带来的积极后果，并且能够依从自己的内心而不是国家强制力自觉遵守法律。除此之外，公民的法律意识还表现在公民对基本法律知识的了解和权利意识的觉醒，遇到侵权和纠纷能够有效地运用法律武器来保护自己的合法权益。只有真正提高我国公民的法律意识，法制社会才能过真正实现。

大学生祖国发展的未来和希望，是建设社会主义法治社会的中坚力量。加强对大学生法律意识的培养，是提高全民法律意识的突破口和重点。首先，大学生初入大学校园，社会观和价值观还没有完全形成，在这个阶段对其进行法制教育，容易使其产生正确的法律观念，并且内化于他们的社会观中。其次，高校有其得天独厚的教育和宣传优势，有利于开展多种形式的法制教育和宣传工作，集中且高效，在学校进行法律法制宣传教育效果事半功倍。最为重要的一点是，大学生是未来国家建设的中坚力量，从学院中走出去他们会分布在祖国建设的各行各业中。在学校中培养好他们的法律意识，使他们走向社会能过自觉地尚法守法，在各行各业尊重法律规则的调整，对全面

建设法治社会具有重要意义。最后，大学生作为新一代青年知识分子，人数众多，他们的法律意识可以影响到其他公民，给尚法守法社会风气的形成起到积极作用。

二、大学生法律意识培养有助于全面提高大学生素质

法律是一门逻辑严谨内涵丰富的学科，大学生掌握基本法律知识，拥有法律意识和法律思维，对提高大学生逻辑思维、规则意识、责任意识都有十分积极的作用，有助于全面提高大学生素质。

（一）有助于提高大学生的逻辑思维

法律是一门逻辑结构十分严密的学科。在立法上，每个部门法律之间分工明确又相互调整配合，每一个法律条文都按照假设条件、行为模式和法律后果的逻辑结构进行规范。在司法中，各个司法机相互配合相互制约，法律适用执行最严格的证据和逻辑审查。这些都无不说明法律从学科到实践都不断强调严密的逻辑。

正因为如此，大学生学习掌握基本的法律知识，学习法律规范的逻辑结构，能够在学习中潜移默化的影响思维方式，锻炼和提高自己的逻辑思维能力。不论大学生在校学习什么专业，将来走向社会从事什么职业，一个良好的逻辑思维都是他们走向成功的助推器。

（二）有助于增强大学生的规则纪律性

法律是调整人们行为的一种规制手段，它依据法律规范告诉人们什么可以做、什么应该做、什么不能做，并通过国家强制力来实现。简单来说它就是一种规则一种“纪律”。法律赋予人民权利，但同时人民在享有权利的同时必须履行相应的义务来保障其他人权利地实现。这就是卢梭所说的“带着加锁的自由”，我们在享受法律保护的同时也必须受其约束。

现在的大学生大多思想独立，个性鲜明，受西方自由主义思想影响较重，规则纪律意识淡薄。培养他们的法律思维，使他们从内心崇尚法律规则，自觉接受法律调整，在追求自我个性解放的同时有底线思维，这对大学生的规则纪律意识的提高有十分重要的积极意。对大学生而言富有纪律意识是他们身心成熟的必备条件，是学习工作的必然要求，也是走向社会适应不同环境的基本素质。

（三）有助于提高大学生的责任感

法律赋予公民权利，保护他们的合法利益，但与此同时也要求公民履行相应的义务。公民履行义务是为了确保其他人权益的实现，这是自己享受权益的前提条件，而

公民若违反了法定或约定的义务便会产生法律责任，承担不利的法律后果。虽然我们常说的责任和法律中的所讲的责任不是同一意义，但是对于法律义务与责任的正确理解能够使人们理解履行义务和承担法律责任是我们享受法律保护的前提，是一种利己行为从而主动履行，当一个人自觉地去做应该事，也就实现了我们普通意义上所说的一个人的责任。

现在的大学生是自我意识觉醒的一代，他们渴望取得成功完成自我价值的实现，这是他们自我责任感提升的表现，但是当代大学生的角色和社会责任意识呈现出弱化的倾向，如家庭责任意识不强，爱情、婚姻责任观念比较混乱，职业责任认识比较模糊，他人责任和集体责任观念淡化，合作意识不强。法律涉及社会生活的方方面面，培养大学生的法律意识，在他们心中强化法律义务与责任的观念，使其有主动履行义务的自觉将有助于提高大学生的角色和社会责任感。

三、大学生法律意识培养有助于提高大学生自我保护能力，为其走向社会提供坚实基础

学校步入社会是人生的关键，大学生在学校经过四年学习具备了一定的专业知识，但是初入社会的他们缺乏阅历和经验，往往不能顺利的适应社会和保护自己。在大学期间对学生进行集中法制教育，有助于帮助学生更好的认识周围的人和事，在处理任何问题时都能保持理性的态度。增强法律意识，崇尚法律，能使大学生自觉做到遵纪守法，减少大学生走向社会后违法犯罪的发生，最重要的是，大学生在校期间掌握基本法律知识，能够使其在自身权益受到损害和威胁时提高警惕，利用法律武器来保护自身合法权益，减少纠纷的发生。

综上所述，高校加强大学生法律意识的培养，大学生掌握基本的法律知识是我国依法治国全面建设社会主义法制社会的要求，也是大学生全面发展的要求。大学生法律意识的提高意义重大。

第七节　大学生法律意识教育路径

新一代大学生要想成为社会主义事业的合格建设者和接班人，其法律意识水平起着不可替代的重要作用。加强大学生法律意识教育是社会发展的需要，也是大学生成长成才的需要。作为一项系统的工程，大学生法律意识教育需要有明确的教育目标、合理有效的教育内容体系、创新的教育方式方法和良好的教育环境，从而来为大学生的法律意识教育提供多元化的渠道。

法律意识是属于社会意识的范畴，是"一种特殊的社会意识体系，是社会主体对社会法的现象的主观把握方式，是人们对法的理性、情感、意志和信仰等各种心理要素的有机综合体"。党的十八届四中全会提出要增强全民法治观念，构建法治社会，建设和谐校园，也同样离不开大学生法治观念的提高。大学生法律意识教育是大学生思想政治教育的重要组成部分，加强大学生法律意识教育是提高其法治观念的重要环节，健全的法律意识能够促进大学生成长成才。多角度、多路径开展大学生的法律意识教育，可以从明确教育目标、优化教育内容、创新教育方法、营造良好环境等角度出发，切实提高大学生的法律意识，促进其长远发展。

一、明确大学生法律意识教育的目标

强化大学生的法律意识对于提升个人法律水平有无比重要的意义。马克思在其理论著作中提出："劳动过程结束时得到的结果，在这个过程开始时就已经在劳动者的表象中存在着，即已经观念地存在着。他不仅使自然物发生形式变化，同时他还在自然物中实现自己的目的，这个目的是他所知道的，是作为规律决定着他的活动的方式和方法的，他必须使他的意志服从这个目的。"从以上论述中可以得出：人们的活动具有目的性是人的全部活动所表现出来的一个首要和基本特征。对于高校思想政治教育来说，必须要以提升学生的法律意识作为落脚点和归宿，全面提升他们的法律意识和法律水平。作为法律意识教育工作的出发点和落脚点，明确大学生法律意识教育的目标，应坚持主导性和多样性的辩证统一。大学生法律意识教育作为思想政治教育的重要组成部分，强调其实践性和社会性。只有将其落实到思想政治教育过程中去，才能实现有效的教学定位、教育内容的确立、教育方法的选择，保持法律教育活动的可操作性。因此，必须要从个别上明确法律意识教育的目标，首先要求我们对社会要求与大学生身心发展的实际状况和水平有正确的认识和客观的分析。培育大学生的法律意识和法律能力，学会借助法律手段来维护自己的合法权益。落实到具体实践过程中，应该强化大学生法律意识教育目标与教育主体的统一性，从而确保教育层次的多样化。由于高校大学生的专业、学科、学习层次等多方面的要素都不同，因此在教学实践过程中必须要学会量体裁衣，为他们制定个性化、多元化的教学内容。从马克思哲学理论中得知，一切事物都是处于变化之中，大学生的思想、行为会随着教学过程而变化，这就要求大学生法律意识教育目标必须要处于动态平衡发展中。广泛关注大学生思想发展的动态性，不断对具体的法律意识教育内容进行完善和统一，从而让教学目标与社会发展相结合，促进大学生思想教育变化新维度的生成。

二、优化大学生法律意识教育的内容

法律意识包括“法律知识、法律理想、法律情感、法律意志、法律评价和法律信仰”五方面内容，具体到教学实践中，应该结合具体的教育内容结构来对教学过程加以控制和安排。只有如此，才能够满足学生多元化、个性化的学习需要，为达成大学生法律意识教育目标创造条件，保证法律意识教育内容科学的实施。首先，任何形式的法制教育都是为了实现一定社会阶级或集团的法治目的。对大学生进行法律意识教育，必须始终坚持以中国特色社会主义法治理念为主导，突出中国特色社会主义法治建设的核心内容。其次，优化大学生法律意识教育的内容体系，要完善教育内容体系。将法律意识的内容内化成为若干个子系统，比如法律认知教育、情感教育、信仰教育等，只有将具体的内容细化，才能够让整个法律意识教育体系结构严谨、内容翔实，为大学生个人法律思想意识的生成创造条件和基础。法律意识教育不只是对法律意识内容的教学，还需要有很强的政治觉悟和思想素质。在平时的教学实践过程中，应该确保大学生法律意识教育的知识性、道德性的互相统一，将其落实到法律教育、道德教育等各个方面。另外，法律意识教育内容必须要与时俱进，突出其时代化的特色。对法律意识教学内容优化整合，结合时代发展和时事政治来更新教育内容，促进其教育效果的达成。随着时代高校教育的不断发展，大学生思想政治教育面临的新问题和新要求也不断涌现，作为教育工作者应及时完善教育内容。我们要认真吸收并总结国内外经验，积极探索适合我国国情的法律意识教育内容体系。在法制教育内容的选择上，根据不同类别的学校和不同的专业背景的学生，开设不同层次的法制教育课。法律课程的设置要做到共性和个性的统一，既要有与各类学生相通的法律课程，也要有针对不同学科的专业设置，使法制教育真正贴近学生的实际需要。

三、创新大学生法律意识教育的方法

随着信息技术的发展，新媒体在大学生日常学习生活中的作用日益重要，课堂上传统的传授、讲授的教学形式和方法有时会变为一种抵触，创新法律意识教育的方法已成为必然。首先，充分利用思想政治理论课的基本教学课堂，加强大学生的法律意识教育。高校思想政治理论课在培养和提高大学生法律意识上发挥着重要作用，应该充分结合各课程思想理论教育的优势，借助于现代教育方法，提高教学的实效性和针对性，在相关课程的教授过程中，要多讲法律的基本原则，突出道德和法律的统一性。其次，法律作为一门抽象性较强的学科，具有很强的社会实践性。注重思想政治实践教学，促进新型教学保障机制的构建，加速学生成长和教学进步。在进行教学设计的时候，必须要与教学目标、课程设计、教学学时、教学经费等要素有机整合，促进正常教学秩序的构建。促进有效的组织管理，积极调整实践课程与理论课程之间的比重，鼓励大学生走出校门，把实践教学融汇到社会调查、公益活动、志愿服务、专业课实习等多方面的发展中去，从而来提升教学的有效性。实践教学活动的不断开展，能够提升学生的思想政治素质，推进素质教育改革的顺利实现。因此，要积极开辟第二课堂，运用实践法进行开展教学。再次，“互联网 +”的发展冲击了传统教育方法，必须要善于借助于现代信息技术手段来进行新型教育模式的呈现和运用，不断促进法律意识教育效果的提升。例如，在使用多媒体课堂教学的基础上，还可以利用新媒体（QQ、微博、微信等）积极开辟第二课堂，促进师生互动与交流，让法律意识教育更加具有可操作性和实效性，提升教学效果。

四、营造大学生法律意识教育的良好环境

努力营造良好的大学生法律意识教育环境，为大学生的学习和发展提供有效的支撑和保证，从而不断提升教学效果。大学生法律意识教育环境的优化要坚持整体性原则，要重视思想政治教育环境内部诸要素之间的联系，社会、学校和家庭之间做到有效衔接和功能互补。首先，政府要发挥应有职能，构建良好的社会政治环境。邓小平曾指出：“没有安定的政治环境，什么事情都干不成。”在深化改革过程中要加强党风廉政建设，形成共同的政治认同感，坚定大学生的共产主义理想信念，引导他们贯彻核心价值观，营造浓厚的教育氛围。其次，优化传媒环境，为大学生法律意识教育创造良好的舆论氛围。一要拓展主流媒体的影响，对于社会主流信息进行有效的把握和认识。二要发挥新媒体的优势，推进教育效果的实现，善于将各种媒介有效结合起来，彼此渗透，为大学生法律意识教育效果的提升创造可能。第三，营造校园法制环境，要采取切实有效的措施，加大依法治校力度。高校管理坚持“依法治校”原则，从而来构建浓厚的法治教学文化环境，激起学生对于法律知识的兴趣，促使他们主动学习法律知识。同时，还要加快高校法制化建设进程，强化学生行为和教学管理行为规范，要求学生严格按照这些规则来做事、学习。另外，重视家庭教育在整个教育系统中的作用。此外，对于高校法律意识教育来说，它与社会、家庭、个人、学校等诸多要素之间有着非常紧密的联系，因此还要在社会与家庭、学校与家庭之间建立有效的联系。社会与家庭之间的联系可以通过社区（街道）的形式，使社会与家庭之间有一个纽带，家庭教育对大学生的思想意识的形成有着深远的影响，高校应当与学生家长建立起长效的问题沟通解决机制，使家长配合学校的教育和管理工作，形成合力，形成一种有利于大学生法律意识教育的环境系统。

第四章 我国大学生法律意识的创新研究

第一节 大学生的法律意识和诉讼心态

大学生是社会主义法治建设的生力军，是中国未来社会建设的主体，如果他们不具备相应的法律意识和法律素质，就很难适应时代发展的需要。文章将从研究意义、大学生法律意识的形成和培养途径这三个方面浅析当代大学生的法律意识和诉讼心态，积极探索大学生法律意识培养的有效途径。

法律意识是指在一定社会条件下，人们对于以现行法为主体的法律现象的认识、评价、情感和体验，并用此调节自己行为的各种意识现象的总称。大学生法律意识，即大学生群体对法、法律或其现象的观点和态度。据中国犯罪学研究会会长、北京大学法学教授康树华所做的一项调查：近几年，青少年犯罪占到了社会刑事犯罪的70%至80%，其中大学生犯罪约为17%，大学生犯罪率的不断提升和他们法律意识淡薄密不可分，直接影响到我国法治社会的建设。

一、大学生法律意识及诉讼心态研究的重要意义

（一）大学生健康发展的需要

大学生作为接受高等知识教育的群体，虽然有着高层次的知识结构和文化素养，但是近年来大学生犯罪案件仍然层出不穷，在社会各界引发了热议。据《甘肃日报》报道，兰州市安宁区是高校比较密集的地方，据安宁区人民检察院对2009年至2014年9月期间受理的学生犯罪案件统计，共计62件104人，而大学生犯罪案件为47件83人，占学生犯罪案件件数的74.6%，占犯罪人数的79.8%。正是由于这些高校学生遇事冲动、法律意识淡薄，导致大学生犯罪案件频发，令人唏嘘不已。

大学生心理健康问题是导致部分大学生走向犯罪道路的重要原因。根据近年来各类大学生犯罪案件分析，这些大学生法律意识淡薄，存有侥幸心理，他们或是心理素质薄弱、经不起波折，或是以法犯法、追求刺激，最终走向犯罪的深渊，断送了大好前程。因此，增进大学生的法律意识，可以使大学生在学习和今后的工作中有意识地用法律去规范自己的行为，形成健康的心理和人格，使他们在复杂的现实社会中始

终保持正确的前进方向，健康地成长成才。

（二）维权的需要

随着信息化社会的发展，媒体的关注，近年来有关大学生权益的诉讼案件和争议问题逐渐进入了人们的视野。学生的法律意识淡薄直接导致他们对权利的认识不够，对维权有效途径缺乏了解，无法很好地维护自己的合法权利。如：在合肥市打暑期工的大四学生小李应聘到合肥市亳州路一家娱乐会所做服务生。招聘人员告诉他，每天工作时间是晚上 9 时到次日凌晨 3 时，主要就是做一些保洁和勤杂类的活，基本工资为 80 元 / 天，还会有一些小费收入。小李心想收入还算不错，也不耽误白天的时间，是一份不错的兼职，便欣然应允，可是在他卖力地连续干了近两个星期之后，经理突然告诉他下班时间要更改为第二天上午 9 时，足足延长了六个小时，更令小李抓狂的是，工资不但没有涨，反而减为了 50 元 / 天。这些莫名其妙改变的条件让小李不能接受，争执无果后，愤然辞职。由于入职时规定工资月结，现在小李中途不干了，最后一分钱没拿到，反倒贴了 400 元服装费和两个星期的交通费，像这样的大学生兼职侵权事件屡屡发生。2014 年 10 月底，中国青年报记者联合江苏高校传媒联盟大学生记者对 142 名有打工经历的大学生做了访谈调查，涉及 42 所高校，其中江苏省内 21 所高校 111 人，省外 21 所高校 31 人。本次调查显示，有超过一半的学生遭遇过交押金、被中介欺骗、拖欠克扣工资福利、拒付工资、超工时加班、拒付加班费等侵权行为，而其中能够成功维权的寥寥无几。在这些事件中，大学生一方面缺乏对自身合法权利的认识，在兼职过程中多只注重到待遇问题，而忽视了自己其他方面应该享受到的权利，而且空有口头协议，没有书面依据，被受聘公司企业当作了廉价劳动力；另一方面，他们没有足够的维权意识，对维权途径也知之不详，怕麻烦，要面子，担心维权成本高，在自己权利受到损害后，多选择了不了了之。

有关大学生的侵权案件不仅仅出现在日常兼职中，在他们受教育权、高校管理问题、就业问题等各方面都存在诸多的被侵权现象。因此，增强大学生的法律意识是保护大学生自身权利，促进他们依法做事、依法维权的重要基础。

（三）建造法治社会的需要

在我国党的十八届四中全会上，提出了“全面推进依法治国，建设中国特色社会主义法治体系，建设社会主义法治国家”总目标。法治社会是和人治社会相对而言的，它是指国家权力和社会关系按照明确的法律秩序运行，并且按照严格公正的司法程序协调人与人之间的关系解决社会纠纷。习近平同志强调：治理一个国家、一个社会，关键是要立规矩、讲规矩、守规矩，法律是治国理政最大最重要的规矩。他说：我国是一个有13多亿人口的大国，地域辽阔，民族众多，国情复杂。我们党在这样一个大国执政，要保证国家统一、法制统一、政令统一、市场统一，要实现经济发展、政治清明、文化昌盛、社会公正、生态良好，都需要秉持法律这个准绳，用好法治这个方式，而建立法治社会的基础条件就是增强全民法治观念。大学生作为国家未来发展的希望和国家建设的主力军，他们接受了高层次的教育，有较高的文化素养，他们自身的法律意识以及法治心态将直接影响到我国法制宣传的力度和法治社会建设的进程。

二、大学生法律意识的形成

关于大学生法律意识和诉讼心态的现状，已经有诸多个人及社会媒体做过相关的调查统计，如兰州大学杜泽宇在对兰州市七所高校的部分大学生法律意识状况进行调查时提到这样一个问题：如果您明知某种行为违法时，但对您有好处，您是否要做？调查结果显示，不做的占回答人数的55.8%，权衡利弊后再决定的占31.5%，只要不被人发觉就做的占9.1%，做的占3.4%，这充分说明目前大学生的法律意识还存在较大的缺失。自觉守法是实现依法治国的重要保障，但仍有不少大学生在面对实际的利益时有可能选择铤而走险．在这种情况下，再完善的法律体系也容易变成形同虚设。针对部分大学生法律意识缺失的现象，可以从以下几个方面找到形成原因：

（一）法制教育的影响

自1986年国家教委颁布了《关于在高校开展“法律基础课”的通知》以来，全国高校非法律专业普遍开设了《法律基础》课，但是大学生学习主要出于兴趣、应试、就业三方面的目的，而《法律基础》作为公共大课，很难引起大学生的重视，在他们眼中，法律课无疑是枯燥的、缺乏实效性的。《法律基础》课的开设意在培养大学生的法律意识，亦是法治社会建设的需要。学校作为教育机构，在这方面的宣传不够、重视不够、教育方式单一，很多大学生认为，只要自己不违法犯罪，法律的学习也不是那么重要，但他们忽略了学习法律不仅能够最大限度地避免犯罪，也能在受到伤害时最大限度地维护自己的权益，挽回损失。学好法律，才能更好地保障自己的受教育权、就业权、财产权等各方面的权益。大学生在学好法律基础的同时，还应该主动吸收各方面的法律知识，将其作为维护社会关系的最后保障，也是最具有实际效果的保障。

（二）传统观念的影响

1.“德主刑辅”的传统道德观念

中国传统道德主要是指中国五千年来形成的以儒、墨、道、法等各家伦理道德传统为内容的伦理思想及道德实践活动的行为规范的总和。关于道德与法律的关系，在《论语·为政》篇有云：“道之以政，齐之以刑，民免而无耻。道之以德，齐之以礼，有耻且格。”意思是用政令来治理百姓，用刑法来整顿他们，老百姓只求能免于犯罪受惩罚，却没有廉耻之心；用道德引导百姓，用礼制去同化他们，百姓不仅会有羞耻之心，而且有归服之心。在中国儒家思想中，强调德治，“德主刑辅”的思想观念。不可否认道德的重要性，道德是法律的基础，法律是道德规范的制度化实践，但是在现实社会中，道德与法律总有不和谐之处。大学生受到传统道德至上思想的影响，容易形成法律工具主义倾向，企图摆脱法律的约束以求更随心所欲地实践道德、弘扬道德，这些消极影响形成了当代大学生法律意识养成过程中的认知障碍、情绪障碍和行为障碍，延缓了大学生法律意识的培养过程。

2. 轻诉讼、避诉讼观念的影响

诉讼心态是建构于法律意识之上的，在中国人传统观念中，一方面期盼着“天网恢恢，疏而不漏”，另一方面又抱着轻讼、避讼、息讼的心态，认为“见官莫在前，做客莫在后”“官事莫出头”，并由于法律常识的欠缺和对司法等维权部门的害怕及不信任，有了“人犯王法身无主，见官三分灾”的想法。在大学生中，这样的想法同样屡见不鲜，从而导致自身的合法权利得不到有效维护，部分大学生在面对犯罪行为时选择视而不见，选择妥协。

（三）个人价值观的影响

一个人的价值观决定着他未来发展的方向。正确的价值观可以引导大学生走向成功的彼岸，错误价值观的形成则会令大学生走入犯罪的深渊。现代社会物质气息浓厚，拜金主义横行，很多孩子受社会及家庭的影响，养成了以自我为中心的思考方式和处世原则，再加上网络发展的影响，最终导致了部分大学生个人价值观的堕落化，难以守住道德和法律的底线。纵观历年来大学生的犯罪案件，侵财性犯罪和故意伤害等犯罪较为突出，主要犯罪形式则表现为盗窃、故意伤害和强奸。如今的孩子从小就被父母娇生惯养，面对孩子的要求，一味地满足和妥协，养成了孩子极端的个人主义和拜金思想。在他们走进大学校园后，需要变得独立自主，但当他们的个人需求得不到满足时，少数大学生就极易走上违法犯罪的道路，如盗窃、卖淫、故意伤害等。

三、大学生法律意识培养的途径

（一）加强大学生法制宣传教育

1. 合理开展法制讲座

开展法制讲座可以有效地提升大学生的法律意识，但在多数大学里，除《法律基础》课外，缺少其他渠道和形式的法制教育活动。大学里有各种讲座但法制讲座很少，而一场好的法制讲座往往能带给学生强烈的震撼，引人发醒。学校可以以法制专题的形式，从与大学生密切相关的问题出发，定期给学生举办法制讲座，讲座的目的不应是简单法律知识的学习和掌握，而应该从法制观念的教育，法律意识的培养、提高，诉讼意识的养成这些目的出发，通过高质量的法制讲座，提高大学生的法律素质和修养。

2. 以案说法

真实的案例能带给大学生更直观的感受，提升他们法律学习的兴趣。可以通过“以案说法”的方式对大学生进行法制宣传教育，使大学生从真实案例中自省、知法、懂法、守法，从而达到减少和预防犯罪的目的。在大学校园中定期对学生犯罪案件进行通报，对学生犯罪的特点、原因进行分析，并由检察官带法进校园，用“以案说法”的形式对在校大学生进行法制宣传教育，共同制定相应的预防犯罪措施，营造良好的教学环境。例如在某高校开展的“以案说法”活动中，采取了游戏互动的形式来展开活动，他们让活动参与者依次抽取写有案例的卡片，依照顺序发表自己对案例的看法，并由法学院学生答疑，向大家介绍案例中涉及的法律条文及解决办法，这种活动既能增加学生的参与感，也能引发学生对法制的自主关注。

3. 自发宣传

我国每年的 12 月 4 日被定为全国的法制宣传日，在这一天，全国各地都会开展各种各样的普法宣传活动，意在提升广大人民群众的法制观念，提升他们遵纪守法的自觉性和运用法律维护自身合法权益的能力。这一天，各大高校校园内也多能看到普法的标语和开展的各种普法宣传活动，但仅仅这一天的法制宣传并不够，一是主动参与其中的学生极其有限，二是很多学生都是出于学校的安排，以完成任务为目的，并没有法制宣传的自觉意识。因此，在大学生的学习生涯中，还应该更多地鼓励他们主动地去传播法律知识，弘扬法治精神，提高他们的参与度，让多数大学生都能参与到其中，引导他们自觉地去关注并学习法制法规，并将学到的法律知识宣传给更多的人知道，应用到生活的方方面面。

（二）在法制教学中强化实践环节

大学生的法制教育往往局限于传统的课堂教学形式，教育方式单一。就《法律基础》课而言，学习内容庞杂课时少，教师多采用理论说教的方式，实践环节少，造成课堂的枯燥乏味，使得学生的法律知识仅仅是达到了应试的目的，但在法律运用上仍然是一知半解，法律意识也依旧淡薄。因此，在开展传统法制理论教育的同时，还可以通过开设模拟法庭，组织学生庭审旁听，参观法庭监狱等让非法律专业的大学生能够以正确的心态看待法律诉讼，用正确的方式维护自身合法权益。

（三）为大学生营造良好的法治环境

良好的法治环境有利于培养大学生的法律意识，当前大学生法律意识淡薄，除了自身原因以外，法律保护缺位、依法维权路径不畅等也是导致当代大学生法律意识缺位的重要原因。

1. 制定法律法规，完善大学生法律救济途径

近年来，大学生兼职维权难的问题日益突出。由于经济原因，或出于锻炼的目的，大学生兼职已经变成了大学生活密不可分的一部分。但从现状来看，大学生已经被用工单位当作了廉价劳动力，相应权利却得不到有效保障。有关拖欠大学生兼职工资、扣押学生的证件、违法收取押金、超时用工等问题屡见不鲜，甚至大学生在兼职过程中的人身安全问题也得不到有效保障，究其根本原因，还是法律保护的缺位。大学生兼职没有用工合同，在劳动法中也得不到相应的保护，在权利受到侵害时，缺乏有效维权途径，维权难，以致很多大学生自动放弃了维权，对运用法律武器维权抱有了不信任态度。

2. 加强网络监管，完善网络立法，纯净网络环境

随着科技的进步，网络作为信息的重要媒介和载体，发展迅猛，大学生是网络环境的主要受众群体，他们日常的学习、生活、交往皆离不开网络，网络环境对大学生的影响非常大。由于网络自由包容的特性，各种网络侵权及违法行为屡见不鲜，大学生的法律意识和行为也在这种影响下易出现偏差。因此，完善网络方面相关立法，提高网络环境下的执法能力，加强网络监督监管力度都显得十分必要。

大学生是建设社会主义法治国家的中坚力量，提升大学生的法律意识任重而道远，这不仅需要他们自身的努力，还需要学校、家庭、社会的共同支持。因此，应当培养大学生依法办事的习惯，树立他们权利义务相一致、法律面前人人平等的观念，让他们学会用法律的武器维护自身的合法权利，避免走向违法犯罪的深渊。

第二节　自媒体与大学生法律意识

随着我国网络技术的普及式发展，自媒体时代也逐渐发展与到来。可以说，自媒体不仅可以作为人们进行交流与沟通的主要使用工具，同时也可以成为各种宣传发展的主要阵地。自媒体时代的到来，进一步使大学生法律意识的培养的主要途径变得更为宽阔，但是值得注意的是也存在着一些监管不利的现象。本节主要从自媒体时代大学生法律意识存在的发展机遇出发，深入分析自媒体时代大学生法律意识存在的主要问题，进而提出自媒体时代加强大学生法律意识培养的相关建议，更好地提高大学生的法律意识。

网络科技的迅猛发展，伴之而来的是自媒体时代的到来，对于大学生来说如何充分利用这一发展平台，促进个人的全面发展显得尤为重要。在自媒体时代，大学生容易受到各种信息的影响，如果不能对这些信息的真伪进行及时的辨别，就会造成大学生法律意识问题的出现，进而阻碍大学生自身的发展。可见，加强大学生法律意识的培养，在自媒体时代显得尤为重要。

一、自媒体时代大学生法律意识存在的发展机遇

自媒体也被称作是公民媒体，在 2003 年的 7 月，由美国的学者谢因 · 波曼与克里斯 · 威理斯所提出。主要指将普通的大众经由一定量化的数字科技强化与相关的全球知识体系相连接，通过这种方式开始呈现出一种能够使普通大众强化理解与提供、分享其本身的事实。自媒体平台在不断的发展中依照其发展的交互性与自主性的主要特征，进一步使新闻的开放性与自由度得到有效的提高，使得传媒生态发生巨大的变化。大学生群体作为自媒体发展下的受众群体中的重要组成部分，整体的思维方式、所追崇的价值观念与具体的行为方式都有着较为深刻的变化。可见，自媒体时代的发展，使得大学生法律意识的养成和发展得到了前所未有的机遇。

（一）自媒体时代大学生接收法律知识的方式更加简单

随着自媒体的发展与相关的移动互联技术的发展，使得学习的方式变得更为简单，有关政府公告、学术动态或是社会新闻等的获得更为便捷，大学生可以依据自己的需要进行便捷化的信息游览。同时，大学生自己也可以通过使用一些便捷的软件如微信、微博与 QQ 等进行平台间的信息传播，实现资源共享与热点讨论等功能。这对大学生来说，不仅可以进一步提高其自身的学识，还可以开阔其眼界，并在潜移默化中不断影响着大学生自身的内在思维方式。通过这些自媒体，大学生自己可以在

第一时间获取到相关的法律热点的资讯和及时了解到最新的法律法规与各项方针政策。

近年来，随着自媒体的逐渐发展与成熟，相关平台页面的设计也更加的简洁，具体参与程序也在逐渐简化，相关需求的推送也更加的人性化，进而使得大学生获取各种新闻资讯与法律信息的方式更加简单。大学生可以充分利用茶余饭后的时间获取到所需要的具体信息，并可以在短时间内进行必要的信息传递，进而实现相互间的信息共享。通过这种方式，可以充分利用自媒体平台的优势，有针对性设置热点讨论与相关法律知识竞答等较为轻松便捷的方式来吸引大学生注意，使得大学生融入进来并进行观点性的表达。不仅抒发了自身的情感，同时还可以提出自己的看法与意见，进一步为大学生良好的法律意识的养成提供一种更为和谐与开放的法律氛围。

（二）自媒体时代大学生接受法律知识的行为更加主动

作为社会主义事业的重要建设者与接班人，大学生自身有着较为浓厚的爱国主义情怀与责任感，而自媒体的发展不仅为大学生提供了一个较为宽泛的自我观点表达与诉求的网络发展平台，还使得大学生的主体地位逐渐提升，整体的法律意识增强。自媒体平台具有发展的交互性与自主性，这也使得新闻的发展与参与性得到显著的提高，使得传媒的整体生态方式发生了根本性的改变。

（三）自媒体时代大学生接收法律知识的主渠道更为广泛

由于自媒体具有主体参与广泛与较快的传播速度等优势，为大学生这一群体提供了更为便捷的知识获取平台。加之大学生群体具有较强的参与意识、学习时间相对自由和知识积累方式更为便捷也决定着大学生可以有效地掌握法律新闻等资料。此外，自媒体的飞速式发展也为与大学生相关的法律热点知识等提供了更为便捷的获取平台。对于大学生来说，其也可以根据自己的个人喜好选择出更加符合自身需要的自媒体平台，并通过在不同的自媒体平台发布与获取相关的信息，参与到相关资讯的探讨中，可以更为及时地发表自己的看法与参与评论等，不断增强大学生的学识与修养。

三、自媒体时代大学生法律意识存在的主要问题

（一）大学生法律意识观念相对淡薄

随着自媒体时代的发展，大学生法律意识的培养更加受到社会各界的广泛关注，

各高校也在加强对其的相关法律知识教育。在当前法律环境平等发展的条件下，只有掌握更多的相关法律知识才能有效地保障大学生自身的合法权益。现阶段，大学生由于受到国家相关法律宣传与高校课堂教育发展的影响，开始意识到加强法律知识的学习越来越重要，加之社会对大学生整体的综合素养要求越来越高，大学生只有掌握相关的法律知识，加强自身的法律修养，才能够更好地提高自己的市场竞争力。然后虽然大学生已经意识到学习相关法律知识的重要性，但是大部分的大学生不能够很好地利用相关法律知识规范自己的行为方式，尤其是遇到一些校外纠纷时，大多数大学生不能够充分利用法律知识这一武器来保护自己。在多数大学生中只是存在着对法律知识的了解仅限不触犯相关的法律即可这一现象，如不杀人与不放火等，但是这种对于法律知识的了解较为片面。此外，还有部分大学生中认为违法就是一种犯罪行为，存在着认知上的偏差，这是因为违法知识违反了国家的法律法规，而犯罪则是指触犯《刑法》的相关规定。

（二）自媒体平台的主要监管方式不尽完善

随着计算机网络技术的飞速发展，在自媒体平台的发展中还存在着监督与管理方面等的问题与不足，大学生作为自媒体平台发展下的主要受众群体，如果在自媒体平台发展中存在着平台管理人员管理不善与道德缺失等的现象，更加不利于大学生法律意识的养成式培养。加之现代社会的快速发展，一些媒体人开始更加注重点击量，开始将其作为衡量相关新闻信息价值等的重要指标，为了制造起更大的社会舆论，容易利用大学生所具有的强烈的好奇心，通过强化与歪曲一些法律特点，更有甚者利用一定的虚假报道，造成大学生法律知识的偏差性认知，对大学生法律意识的培养会造成较为不利的影响，这是因为自媒体自身的监管力度不够，网民容易无意识地受到媒体人的错误影响，在没有完全了解具体事实真相的情况下肆意地发表相关的评论，容易造成网络暴力等现象的产生。而一些没有较好自制力的大学生较为容易受到一些虚假报道的影响，可能会落入到一些圈套中，这就需要国家加强监督与管理。

（三）自媒体时代网络犯罪条件更加便利

随着我国经济发展实力的不断增强，人们所面对的现实压力更为强大，一些学生难以抵住金钱与欲望的诱惑，常会通过互联网与自媒体技术进行一些相关的违法犯罪活动，进而满足其自身的欲望。特别是在网络发展中存在着一些诈骗的行为，特别是对大学生的网络诈骗行为与方式更加的多样化。因此，应提高大学生自身的法律意识，避免大学生受到网络诈骗与网络诱拐等具体行为的影响。

四、自媒体时代加强大学生法律意识培养的相关建议

（一）重视网络媒体的监管力度

我国大学生中存在的一些法律观念与意识淡薄等问题，在既定的现实生活中较难做到正确应用法律手段来维护自己的合法权益。为了进一步提高大学生的教育方式，使大学生树立起正确的法制观念，高校应加强对自媒体平台的充分应用。这就要求应加强对自媒体平台的有效监督和管理，更加重视互联网的发展，进而保证互联网用户的根本权益。由于我国当前的相关法律法规中存在着灵活性发挥不足的现象，并且还稍落后于网络技术发展的速度，这就要求应加强对自媒体平台发展下互联网法律法规等体系的建设，进而形成较为完备的互联网法律法规体系。此外，对于运营商而言也应加强对自媒体平台所发布的相关信息的内容进行审核，对于一些敏感性的内容做好必要的控制工作。对于高校来说，更应加强对大学生日常网络行为的规范，在让学生充分学习自媒体平台等相关法律法规知识的同时，还应使其自觉与主动地遵守相关的法律法规，在此基础上为进一步培养大学生的正确法律意识提供必要的条件。

（二）加强校园网络平台的发展与建设

对于高校来说，应加强对校园网络平台的发展与建设，这就需要通过一定的技术手段加强校园网络平台等相关法律法规知识的正确推广，进而做好学生的正确法律意识培养等具体工作。一方面，高校应有针对性地对微博与微信等自媒体进行必要的监管，强化对不良信息的屏蔽，使学生得到正常的发展。除此之外，高校还应加强与自媒体平台的发展互动，进而实现高校和学生间的联系，使学生在充分掌握理论知识和法律等相关实践知识的同时，达到培养大学生全面发展的最终目的。

（三）提高大学生自身的媒介应用素养

媒介应用素养主要是指人们在正确面对媒体信息时所呈现出的选择能力与理解能力等，这就需要人们对相关的媒体信息拥有一定的质疑与批判心理，提高抵制不良媒体诱导的能力。从当前自媒体的发展来看，我国有关媒介素养的教育体系还相对不完善，多数大学生不愿意受到有关媒介素养教育等的影响，进而导致一些大学生中媒介应用素养难以得到有效的提升。这就要求高校应加强相关媒介应用素养方面的教育课堂设置，可以采用举办相关的讲座与比赛活动等方式，正确地引导学生

积极主动地参与到有关媒介应用素养的教育中去。因此，大学生个人只有正确地养成媒介素养，进而才能够有效地利用自媒体平台，减少不良信息等的干扰。

随着自媒体时代的发展与到来，大学生逐渐成为这一平台的主要受众群体。但是由于受到信息爆炸式的影响，加之大学生自身的媒介应用素养不尽完善等多方面的影响，存在着一些监管不到位的现象。只有深入分析自媒体时代大学生法律意识存在的主要问题，在此基础上提出自媒体时代加强大学生法律意识培养的相关建议，并有针对性地发展与执行，这样才能更好地提高大学生的法律意识，促进大学生更好地发展。

第三节　大学生生态法律意识探析

在我国生态文明的建设中，大学生起着不可替代的重要作用，培育大学生生态法律意识是大学生参加生态文明建设的基础。分析了当前大学生生态法律意识的现状，探讨了大学生生态法律意识薄弱的原因，并提出了加强大学生生态法律意识培养的建议。

在改革开放三十几年的发展历程中，我国经济得到了快速发展，但是，生态环境也付出了沉重代价。这种发展模式虽然使得中国迅速摆脱了贫穷，绝大多数老百姓过上了衣食无忧的日子，但由于严重破坏了生态系统，近年来我国因气候与地质灾害也蒙受了巨大的经济损失。这种发展模式是不可持续的，为此党中央提出了生态文明建设的战略思想和战略布置，并将其作为我国今后经济社会发展的主要模式。当代大学生是我国生态文明建设的生力军，因此，培养大学生的生态法律意识对于我国的生态文明建设有着重要的意义。

一、大学生生态法律意识的内涵和基本内容

认清大学生生态法律意识的内涵和基本内容是培养大学生生态法律意识的前提。

（一）大学生生态法律意识的内涵

要理清大学生生态法律意识的内涵，有必要先以法律意识的内涵与大学生法律意识的内涵作为切入点着手研究。

不同学者对于法律意识这个概念有着不同的理解，笔者个人更倾向于我国著名的法学理论学者张文显的观点。他对法律意识的定义可概括为：法律意识是与个体或群体所具有的心理特征相关联的，是人关于法现象的认知、心理与意志的统称。根

据上述定义的理解，可将大学生法律意识的内涵定义为：大学生法律意识，是指大学生对法律所持的认识、理解、看法、观点与信仰。

由前两个定义可知，大学生生态法律意识是大学生法律意识表现形式中的一种，它除了具有大学生法律意识的上述特征，还具有其自身独有的特征，它体现了人与自然相处和谐、高效的生态关系，以生态认识以及环境评价的方式在自然资源的利用以及保护的立法与法律适用中，以及在相关权利与义务的实际中表现出来。

（二）大学生生态法律意识的基本内容

大学生生态法律意识由大学生生态法律心理、大学生生态法律观念以及大学生生态法律思想体系三个部分构成。

大学生生态法律心理是整个大学生生态法律意识的第一部分，也就是初级阶段。由于受到个人思想差异以及每个人所处不同环境的影响，因此多样性就成了大学生生态法律心理的特征。

大学生生态法律观念是大学生生态法律意识的第二部分。在大学生生态法律意识的全部内容中，生态法律观念具有关键的作用。具体来说，生态法律观念由大学生生态法律认知、大学生生态法律情感以及大学生生态法律评价三部分组成，大学生生态法律认知是大学生对生态法律的形式、内容，在运行的生态法律的性质及作用等生态法律现实，以及法律与其他社会现象的联系与区别、认识与感知。

大学生生态法律思想体系是大学生生态法律意识内容的最后一个部分，也是最高级的阶段。既是大学生对生态法律现象经过理性认识的成果，也是大学生对生态环境法律现象的自觉的表现形式，它是通过法学家、法律思想家研究最终表现出的理性的思维结果，同时也是学者们在充分研究当前所运行的有关生态环境方面的法律、法规所表现出的理论化、整体化、系统化以及理性化思考的成果。大学生生态法律思想体系不像大学生生态法律心理和大学生生态法律观念所体现的特征，它只针对某一方面或细化到某个生态法律问题的认识及观点，它是对相关生态法和生态法律现象所表现出的问题的理论化、整体化、系统化以及理性化的思考成果。

二、大学生生态法律意识培养的现状

通过与大学生的交流，笔者认为，当前大学生生态法律意识有以下几个方面的现实状况：

（一）大学生生态法律意识淡薄

由于生态法律意识的提出是在生态文明建设全面提出与全面实践阶段，因此在与身边所认识的大学生进行交流时，非法律专业的大学生并不懂什么是生态法律意识，而法律专业的大学生对于大学生生态法律意识的解读都是基于法理学专业对于法律意识的理解，并增加相关生态环保法的相关内容。对于这个概念的解答最为接近的就是学习环境保护法方向的研究生了，但他们给出的解答也与大学生生态法律意识的基本内涵存在较大的差距。

（二）大学生生态法律心理缺失

大学生生态法律心理缺失的具体表现为：第一，生态法律感觉不强。由于学校宣传以及平时关注新闻的原因，大学生或多或少会知道生态法律、法规，但大学生自身不具备生态法律意识，所以大学生的生态法律观不强。第二，生态法律情绪缺乏，具体表现为对违背生态法律的行为无法识别，无法表现出情绪的特点。第三，生态法律情感淡薄。由于无法识别生态行为的善恶性，情绪便无法识别，因此就无法体现出对生态法律的情感。第四，幻觉缺失。通过对前三个领域的分析，笔者认为幻觉是感觉、情绪与情感的综合体现。由于前三个特征都存在着缺陷，因此就无法表现出幻觉，由这四个因素叠加，可以确定大学生的生态心理所呈现的潜意识存在着严重的缺陷。

（三）大学生生态法律观念淡薄

前文提到生态法律观念又由生态法律认知、生态法律情感和生态法律评价三部分组成。首先从生态法律认知来分析，绝大多数大学生对生态法律都知晓，但多数情况是只知道有这些法律法规，具体内容却并不了解。从严格意义上说，这样的情况属于对生态法律的认知不足。其次从生态法律情感的角度来分析，在对生态法律认知几乎仍处于空白的情况下，对于生态法律情感的程度必然不深。最后从生态法律评价的角度来分析，由于前两者均存在显著的缺陷，因此生态法律评价对于当前的大学生并不适用。综合上述三个因素，大学生对于生态法律观念的理解只停留在初级阶段。

三、当前大学生生态法律意识薄弱的原因

造成上述现状的原因除了大学生自身不重视，学校教育方面也存在问题。主要原因有：

（一）大学生生态法律理论体系的缺失

大学生生态法律意识薄弱，其根本原因就在于相关理论体系的缺失。虽然我国

对于生态环境方面的法律法规早已出台，但真正开始重视并深入研究生态法律的法理还是在党的十八大之后，当前我国学者对于大学生生态法律思想体系处于“摸着石头过河”的探索阶段，短期内难以形成完整的大学生生态法律思想体系。

（二）高校对于生态环境法的重视程度不足

当前我国高校本科阶段环保法课程是作为选修课而非必修课开设的，而且几乎只限于法律专业的大学生，这就导致教育对象的受众面缩小了许多。因为无法作为公共课或是必修课开设，所以大学生对于生态环保方面的法律的重视程度低了许多，出现了想学的大学生学不到，能学的大学生不爱学、不想学的负面现象。

（三）社会舆论对普及生态法律的宣传不够

校园内生态法律意识培养氛围不浓虽然是当前我国大学生生态法律意识培养现状堪忧的主因，但社会舆论对于当前的现状也有着不可推卸的责任。当前，我国的社会舆论对于生态环保的宣传几乎只停留在生态道德教育的层面，对于生态法律方面则少之又少，相应普法宣传的匮乏，自然不能引起包括大学生在内的所有国民对于生态法律的重视与学习。

四、培养大学生生态法律意识的思考

笔者在大学本科阶段学习的是法学专业，研究生阶段所学的专业则是马克思主义哲学专业的思想政治教育方向。通过对于大学生生态道德教育与大学生生态法律意识教育的对比研究，我认为，虽然前者所属的学科方向与专业范畴与后者不尽相同，但两者之间仍然有值得相互学习、借鉴的方面。由于本节所研究的方向是大学生生态法律意识培养，因此笔者将以大学生生态法律意识自身存在缺陷为主，再结合大学生生态道德教育的相关共同点给出加强与完善的建议。

（一）尽快建立并完善大学生生态法律思想体系建设

这是全面改善当前大学生生态法律意识培养严峻现状的基础。大学生虽然存在着生态法律心理缺失、法律意识淡薄的先天缺陷，但这完全可以通过学校的教育进行后天的强化与完善。一套严谨、完善的生态法律思想体系是学校开展大学生生态法律意识培养的根本前提。通过查阅相关资料，笔者发现有关大学生生态法律意识方面的文献几乎没有，因此当务之急是有关学者尽快建立一套严谨而完整的大学生生态法律思想体系。

（二）高校应当重视生态法律意识教育

现阶段大学生生态法律教育处于探索与重视程度不足的阶段，但要实现保障我国顺利开展生态文明建设的教育职能，完善大学生生态法律教育的开展是当务之急。对于法律专业的大学生，当前我国高校对于生态环保法的定位仍是选修课。笔者认为可以将这门课程改为必修课，这样不仅可以提高生态环保法在整个法学教育体系中的地位，而且也能促使大学生认真去学习生态环保法的知识。对于非法律专业的大学生，可通过诸如大学生生态道德教育方面的公共课学习一些基础知识，目的是让所有的大学生都能接触并认识生态法律这类知识。

（三）将大学生生态道德教育与生态法律意识教育有机结合

虽然两者之间分属的学科方向不同，且研究的理论与方法也不相同，但是这两者有一个共同点，就是两者的学位证书都属于法学专业。因此可以说大学生生态道德教育与大学生生态法律意识培养有着交叉的关系，尽管如此，但目前两门学科之间的交流与学习几乎没有，属于“井水不犯河水”的情形。我认为，这是一个误区，因为大学生生态道德教育的基本内容主要包括生态平等观教育、生态义务观教育、生态良心观教育、生态善恶观教育、生态正义观教育。生态平等观、生态良心观可以很好地弥补大学生生态法律意识中的法律心理缺失，而生态义务观、生态正义观与生态善恶观则可以强化大学生生态法律观念。这样的交流与借鉴不仅可以有效填补生态法律思想体系空白所造成的大学生生态法律意识开展不利的窘迫现状，而且也能为法律专业与马克思主义哲学专业在日后全方位的相互交流、相互借鉴提供有益的参考。

（四）大学生加强自我学习，提高生态法律意识

由于目前生态法律思想体系不健全，因此要提高大学生生态法律意识，加强大学生自我学习是唯一的方法。前文提到，当前大学生生态法律心理与生态法律观念都存在着缺陷，亟待提高，所以大学生生态法律意识自我学习的关键，在于提高大学生的生态法律心理与生态法律观念的自我学习能力。实践当中应当按照先从生态法律心理再到生态法律观念的顺序进行。首先在大学生生态法律心理方面，笔者认为可以积极感受美好的生态环境为切入点，培养大学生对于生态环境的接纳与爱护的心理，为进一步培养生态环境保护的心理打下坚实的基础，在此基础上，通过进一步的自我学习，形成完整的生态法律心理。其次在生态法律观念方面，因为法理学是所有法学科目的基础，所以可以法理学的法律观念的内容作为切入点，通过学习并了解

法律观念的相关内容，进一步学习生态法律观念。

（五）积极参加生态保护社会实践

理论教育是否完善，关键在于能否经受住社会实践的检验，因此需要将社会实践纳入大学生生态法律意识教育的环节内。具体方法包括参与城市大扫除，参与植树活动以及参加普及环保法宣传，此外最关键的环节在于寻找生态环保法的有关案例进行学习与了解，既可以通过网络搜寻，也可以通过旁听法院庭审获得，这样可使全体大学生理解并掌握相关环保法知识。对于环保法专业的大学生而言，由于有从事对口专业工作的实际情况，因此以上方法仍无法完全满足这类大学生的需求，因此他们的实践活动仍需要在前述的基础上，前往律师事务所或是法院有关生态环境保护的法庭参与具体案件的学习并积极参与案件研讨，强化所学环保法的知识，为今后具体参与环保法的实际工作打下坚实的基础。

第四节 思政教学中的大学生法律意识

众所周知，随着我国社会的发展，建设一个富强、民主、文明、和谐的法治社会已经成为全体人民的共同心愿，而我国的改革开放和建设以及发展中国特色社会主义事业的伟大实践，为当代大学生展示才华、实现理想提供了广阔的舞台，也对大学生的思想道德修养和法律素质提出了更高的要求。这就要求当代大学生必须在思想政治工作中不断培养自己的法律意识，提高自己的道德修养，明确自己肩负的历史使命，将自己的人生选择与时代要求和国家需求结合起来，努力成为国家和社会的有用之才。

大学生是国家宝贵的人才资源，是民族的希望、祖国的未来，肩负着人民的重托和历史的责任，大学阶段也是人生发展的重要时期，是世界观、人生观和价值观形成的关键时期。大学生在思想政治工作中如何处理权利和义务，自由和法律，学习和工作之间的关系，是每个大学生都会面临的重要问题。大学生若能够在思想政治工作中实现法律意识的培养和思想道德素质的提高，将会极大地提高其自我修养，并促进德智体美的全面发展，成为实践社会主义核心价值观最积极活跃的群体。

一、大学生思想政治教育工作面临的问题

在高校的大学生思想政治教育工作中，缺乏对大学生法律意识的培养，严重地影响到大学生良好法律意识的形成，在出现法律纠纷的时候，导致大学生处于劣势地位，对大学生非常不利，也影响到大学生的长远发展。具体分析如下。

（一）大学生缺乏维权意识

当代大学生缺乏维权意识是大学生思想政治工作中的面临的首要问题。由于大学生群体长期生活在象牙塔中，消费来源以依靠父母为主，社会经验相对匮乏，与此同时，许多不法商家针对大学生这一特点采用各种办法侵犯大学生群体侵犯消费权益的现象屡见不鲜，很多大学生已经习以为常，这进一步的导致了大学生维权意识淡薄的现象。随着民主法治社会建设的推进，大学生的维权意识在不断增强，维权的呼声越来越高，但是，由于大学生群体维权起步较晚，规范性较差，缺乏相应的制度和法律保障，缺乏相应的社会支持，使得大学生整体维权意识还较为淡薄，维权活动不普遍。

（二）高校处理学生纠纷缺乏法治精神

高校处理学生纠纷缺乏法治精神是大学生思想政治工作中的面临的第二个问题。大学生是一个庞大的群体，学校在管理存在很大的难度加之，当前部分高校的相关教育和制度相对滞后，在处理学生纠纷时缺乏一定的法律精神作为支撑，这样一来，学校在处理学生纠纷时可能会引发学生的不满，甚至可能引起一些恶性事件。道德和法律具有不同的价值追求和信仰标准，道德不能完全代替法律，法律也绝非道德。高等院校要大力倡导法治精神，这是未来社会的要求。因此，加强运用法律的手段处理师生以及学生和学校的矛盾、纠纷是刻不容缓的时代要求，也是高校要想获得长远发展的必然选择。

二、加强大学生法律意识教育的现实意义

（一）有助于提高大学生思想道德和法律素养

现阶段，高校在大学生的思想政治工作中开展法律意识培养时，是以马克思基本理论法律基础课程作为基础的，旨在用深刻的哲理和各个方面的综合知识来武装大学生的头脑，对大学生进行理想信念、爱国主义、人生价值、道德修养和法律基础等多方面的教育。这样一来，能够使当代大学生不断提高自身的思想道德修养和法律素质，在民主法制进程不断加快的今天，思想道德修养和法律意识较高的大学生更有资格成为时代的主导。

（二）有助于促进大学生德才兼备、全面发展

在世界经济一体化程度不断深化的趋势下，国际资本市场全球化的进程加快、知识经济的飞速发展，在这样一个充满竞争的社会里，大学生就业压力十分巨大，就业

情况不容乐观，若想在激烈的竞争中脱颖而出，必须符合党和国家“立德树人”的要求。针对大学生开展法律意识的教育有利于大学生不断加强思想道德修养和法律意识，实现自身的全面发展，成为一个新时代德才兼备的大学生，在激烈的各项竞争中脱颖而出。

三、培养大学生法律意识的路径

鉴于培养大学生法律意识的重要意义，在实际的思想政治工作中，教师应该利用多种途径和策略科学的对大学生的法律意识进行培养，全面的提高大学生的法律意识，进而为大学生未来的长远发展打下夯实的基础。

（一）突出法律基础课的重要性，着重培养学生的法律意识

目前，“思想道德修养与法律基础”是高校为当代大学生开设的必修课，可见其重要性。这一课程是一门融思想性、政治性、知识性、综合性和实践性为一体的课程。为了提高大学生的法律意识必须要始终重视这一课程，以马克思主义、毛泽东思想和中国特色社会主义理论体系作为培养大学生思想道德修养和法律意识的指导思想，有效开展马克思主义世界观、人生观、价值观、道德观和法律观的教育，帮助大学生提高思想道德素质与法律素质，成长为德才兼备、全面发展的社会主义事业合格建设者和可靠接班人。

（二）在高校中开展广泛、扎实的法律教育

为了培养大学生的法律意识，应该在各个高校中广泛而又扎实地开展相关法律教育。为了达到这一效果，学校首先应该开设各类法律相关课程，积极传播法律知识，将培养大学生的法律意识作为对大学生的素质培养的组成部分，重视并积极培养大学生的法制思维。其次，在相关法律课堂上，相关人员应当以强化案例教学为主要形式，以分析案例的形式来帮助学生培养一个正确的法律思维，使学生对法律产生浓厚的兴趣，进而去学习相关的法律知识，培养其自身的法律意识。最后，学校还应该丰富法制教育活动的形式，突破课堂，将法制和法律渗透到大学生的学习、工作和生活当中。例如，举办法律知识讲座，法律知识竞赛，法律知识趣味问答，模拟法等活动，为大学生从多种渠道了解法律知识提供便捷。使大学生能够真正地生活在法律制度架构之下，使其拥有正确地对法律的认识态度，从法律的立场出发，正确地思考和认识社会。

（三）加强依法治校的力度，树立以学生为本的教育理念

除了以上两点，为了培养大学生的法律意识，学校还应该积极贯彻“依法治校”的理念，坚持“以人为本”的原则，为大学生营造一个良好的法制氛围。因此，学校首先应该加强制度建设，实施依法行政；在宪法和法律允许的范围内和教育行政法规、教育行政部门相关要求下建立健全相关规章制度，完善学校管理制度；促进学校形成良好的校风、教风和学风。其次，加强学校教职员工的法制教育，提高其法律素质；提高教师法律素质，抓好法制教育队伍建设；普及学生法律知识，抓好法制教育宣传。第三，学校还应该推进民主建设，完善民主监督；开展民主生活会，提高领导干部素质；开展社会评教，完善学校管理；实行校务公开制度，确保各项工作公开透明。最后，学校还应当严格教师管理，维护教师权益；完善学生管理机制，保护学生合法权益，体现以学生为本的教育理念。高校以法制的观念来管理学校能够为学生构建一个重制度，重程序，重平等，重自由的法制氛围，实行制度管理、依法治校，在培养大学生法律意识的同时，也使得校园文化氛围更为浓厚，给学生提供了一个良好的学术氛围，有利于大学生的全面发展。

上文对大学生思想政治教育工作面临的问题，加强大学生法律意识教育的现实意义以及培养大学生法律意识的路径进行了简单介绍，希望对相关人员有所帮助。当代大学生是祖国未来的希望，大学生只有正确地确立和践行了社会主义核心价值观，适应了社会主义市场经济发展的要求，满足社会主义先进文化建设的要求以及满足现阶段社会主义思想道德建设和社会主义法治国家建设的要求，才能引领时代的发展，实现大学生的长远发展。

第五节　大学生科技创新知识产权法律意识教育

高校科技创新对我国经济社会的发展发挥着重要作用，大学生作为高校科技创新的主要力量，应具备良好的知识产权法律意识。由于我国高校对知识产权教育重视程度不够，未能科学合理地设置相关课程，导致我国大学生对知识产权的认知程度不够深入，知识产权保护意识匮乏。为了提升大学生科技创新知识产权法律意识，高校应当充分贯彻我国知识产权战略，加大知识产权保护宣传与教育力度，在校内营造良好的法制氛围，并全方位实施思想政治教育课程改革，注重对大学生知识产权法律意识的全方面培养，同时结合社会力量提供良好的外部环境，加大对侵权行为的打击力度，构建良好的社会氛围。

随着经济全球化和世界性科技进步的迅猛发展，科技创新对一个国家经济社会

的发展发挥着越来越重要的作用。党的十八大报告中明确提出“实施创新驱动发展战略”，强调把科技创新摆在国家发展全局的核心位置，同时实施知识产权战略。作为激励科技创新、维护创新者合法权益的重要保障，知识产权法律制度已日益成为影响国家经济发展的关键因素。大学生作为国家未来发展中科技人才的主要力量，应具备良好的知识产权法律意识，在治学的过程中既尊重他人劳动成果也善于保护自己的合法权益。然而，目前我国大学生对知识产权的认知程度并不够深入，缺乏知识产权保护意识。我国高校对学生的知识产权法律意识教育存在诸多缺陷，应当在对大学生进行政治思想教育的过程中注重法制教育，尤其是知识产权法律意识的培养，避免科技成果投入市场之时即是侵权的开始，注重提升大学生知识产权保护意识。

一、大学生科技创新知识产权法律意识的内涵及现状

（一）大学生科技创新知识产权法律意识的内涵

意识指的是人的自觉的心理活动，包括认知、情感和意志三个阶段，人们对事物的认识越为深刻，越能掌控其行为。作为社会意识的重要组成部分，法律意识的培养在引导公民遵守法律维护社会秩序从而实现社会发展中发挥着至关重要的作用。近年来，我国在知识产权领域出现了大量的国内外侵权纠纷案件，这不仅严重影响了公民的个人生活，也给企业、国家带来诸多不便和巨大的损失，而该现象频现往往凸显公民知识产权法律意识十分薄弱。不注重保护科技成果，不仅会影响科技成果效能的发挥，还会打击创新群体的积极性，从而形成恶性循环，严重影响科技创新，不利于社会的长远发展。

作为实现科技创新促进发展目标的主力军，大学生不仅应当精确掌握专业知识加以准确运用，也应当增强其保护知识成果的法律意识来避免知识成果被剽窃、外流。大学生科技创新知识产权法律意识是指大学生这一群体在科技创新过程中对知识产权保护的认识、情感和意志等主观因素的总和。具体说来包括三个层次：首先是对知识产权相关基础知识的认知与把握；其次是对相关法律制度的评价以及对国家知识产权战略的认可；最后是运用知识产权制度约束自我行为，避免侵害他人知识产权等侵权行为的发生并运用法律维护自身合法权益。因此，高校在对大学生的政治思想教育中，不仅要涉及对知识产权基本知识的传授，还应当注重加强学生对知识产权法律制度情感与意志方面的提升，从培养大学生创新意识、诚信意识、法律保护意识等各方面引导其形成符合发展科技创新需要的知识产权法律意识。

（二）大学生科技创新知识产权法律意识现状

为了更好地了解当代高校大学生知识产权意识现状，笔者采取调查问卷的方式来获得数据并进一步做出分析。本次调查发放对象为吉林省长春市高校的学生，共发放问卷500份，收回有效问卷495份。本次问卷的内容主要涉及对知识产权基本知识的把握和获得知识产权知识的途径以及对侵害知识产权行为的看法等方面，比如“专利权的具体分类有哪几项？”“您是否购买过盗版产品？”“您一般通过何种途径了解知识产权知识？”。通过调查问卷的整理分析，可得出以下几个结论：

1. 大学生对于知识产权认知程度不够深入

关于当代高校大学生的知识产权认知程度的调查结果并不可观。如在“专利权的具体分类有哪几项？”一题中，仅有50.91%学生的选择完全正确，其余学生少选了发明、实用新型和外观设计中的一项或两项；再如在“以下哪些作品受著作权法保护？”一题中，有49.49%的学生选错。我们还发现，大部分受调查对象都是在大学阶段才逐步意识到知识产权保护问题，而在了解知识产权的途径方面，大部分学生选择了从媒体认知，通过专业课程学习了解知识产权有关信息的学生人数较少，这说明大多数学生对于知识产权知识只达到略懂一二，留在大致印象的层面，这在一定程度上反映了高校知识产权教育的缺失。

2. 知识产权保护意识匮乏

大学生不仅应当具备基本的知识产权知识，更应当具备知识产权保护意识。但调查显示，高校大学生在这方面意识十分匮乏，法律意识价值取向十分模糊。虽然问卷结果显示85.25%的调查对象表示对知识产权问题很关心，但实际情况并不乐观，在“您是否购买过盗版产品？”一题中，仅4.85%的大学生表示自己从来不购买盗版商品，有25.86%的大学生表示经常购买，其余选择了偶尔购买；在“所在学校是否开展过有关保护知识产权活动”一题中，有77.78%的调查对象选择了否。这些数据都充分说明，表面上对知识产权问题十分关心的当代大学生对相关知识的掌握并不扎实，也很少切身参与到知识产权保护的实践活动中，知识产权保护意识十分匮乏。

二、大学生科技创新知识产权法律意识教育存在的问题及原因分析

（一）大学生科技创新知识产权法律意识教育存在的问题

高校对大学生知识产权法律意识的培养存在以下几方面的问题：

1. 知识产权教育普及面小

虽然国内多数高校的思想政治教育课程中包含了与法律意识相关的内容，但

鲜有涉及知识产权方面的知识。从教育的范围和普及面上来看，除了法学和经济管理类专业，其他专业几乎没有将开设知识产权课程纳入教学计划，仅有少数高校将知识产权作为必修课程。多数大学生只是从课堂外的渠道获取零散的知识，即使有少量学生选取了相关课程，也只是对相关知识有了基本的了解，仍未全面把握当代中国的知识产权法律制度，缺乏思考，导致其知识产权保护的认识还不够深刻。

2. 知识产权教育层次偏低

当今知识产权教育最为普遍的问题体现在层次偏低，教学内容和方式过于单一，只重知识培养而轻意识培养。知识产权涉及法学、经济学等多门学科的知识体系，但各大高校对于知识产权的教育缺乏学科交流，所开设的课程往往只与本专业相关，导致学生相关知识结构单一。针对非专业学生，更多高校开设的课程仅仅从法律规定的角度入手，极少涉及其他内容，更别说注重实务对学生实践技能的培养。此外，我国高校缺乏对关于知识产权法律制度与国家政策最新动态的宣传，导致大学生难以紧跟国家相关政策的最新动态。

3. 缺乏专业的师资队伍

知识产权涉及多学门科知识的融合交叉，要学好知识产权即意味着需要文理兼备、法律与科技并举，同时对于经济学分析等方面的知识也要有所掌握。知识产权教学就更需要拥有多方面理论知识背景与实践经验的师资队伍，而我国目前文理兼备人才缺失，高校知识产权师资数量匮乏，结构也十分不合理，多数院校都是由其他学科基础尤其是无理工科专业背景的法学专业教师来讲授，甚至只是由思想政治教育老师在课堂中一笔带过，难以适应教学的实际需求。

（二）大学生科技创新知识产权法律意识教育存在问题的原因分析

我们认为，造成大学生科技创新知识产权法律意识教育存在以上问题的原因主要有以下几点：

1. 高校重视程度不够

当今中国多数高校仅把知识产权当作一门单一的法学或者经济学学科，少有院校视其为复合型学科。高校领导对知识产权教育工作并不重视，缺乏对大学生知识产权法律意识进行培养的长远且系统的规划，没有把大学生的知识产权法律意识教育纳入学校的日常教育工作，在校内并没有通过知识产权这门学科建立学生对于知识产权的认识，也没有开展相关宣传活动，进而未能形成尊重知识产权的良好氛围，从而影响了大学生知识产权法律意识的培养。

2. 课程设置不合理

高校相关课程设置的不合理导致未能发挥应有的效果。首先，各大高校对大学生法律意识教育边缘化的倾向较为突出，多数院校都不够重视法律意识教育，授课老师往往由于课时有限只对基本的法律知识作简要介绍，更何况科技创新知识产权法律意识教育，更是课堂上一笔带过。其次，多数院校都只是将知识产权的相关教育纳入到法学、经济学基础学科中，在思想政治教育课程等公共课程中少有体现。这样的课程设置也导致科技创新知识产权法律意识教育仅仅在法学、经济学等专业学生之中开展，专业的知识产权教育对非法学专业的学生来说仍有一段距离。

3. 社会氛围不足

首先，人们往往认为提升知识产权意识是企业的事，并不是高校应该关心的问题，在政策上使得高校在大学生科技创新知识产权法律意识教育方面毫无压力与动力。由于实施知识产权战略周期过长、获取成效过慢，相关部门没有将大学生科技创新知识产权法律意识教育放到应有的位置。其次，社会未能营造良好的知识产权保护氛围，现实生活中仍存在大量商标假冒、销售盗版制品等现象，大学生的经济实力不足往往导致其无法抵制盗版产品价格低廉的诱惑，反而助长了侵权行为的发生。

三、加强和改进大学生科技创新知识产权法律意识教育的对策研究

（一）高校充分重视知识产权教育，营造法制氛围

作为培养科技创新人才的主要阵地，高校应当担负起培养大学生知识产权法律意识的责任。首先，各大高校应将知识产权教育纳入到学校的日常教育工作中，不仅针对法学、经济学等与知识产权有密切关系的专业开设课程，还应将知识产权课程纳入其他专业的必修课程中。其次，高校应当定期举行知识产权保护的宣传活动，比如在各教学楼摆放展板宣传基本的知识产权知识，定期举办知识产权答题竞赛，还可邀请专业老师开设专题讲座，定期组织学生举办知识产权座谈会等，校园网站也应当及时发布知识产权保护典型案例，从各方面努力营造良好的知识产权学习氛围。再次，各大高校应当加强制度建设，进行规范管理，严厉打击学术不端行为，加强学风建设，杜绝高校师生实施侵害他人知识产权行为。高校必须将知识产权教育放在最高的位置上，从每一处细节着手，全方位地将知识产权课程和实践合理安排给每一位大学生，建立起长期、全面的知识产权法律意识教育机制，营造良好的法制氛围！

（二）高校全方位实施思想政治教育课程改革

各大高校还应当实施思想政治教育课程改革，科学地设置课程结构引导学生对知识产权由感性认识上升为理性认识，提高大学生进行创新的主动性与积极性。首先，高校应当注重知识产权学科的专业教师队伍建设，一方面加强知识产权法、知识产权经济学等专业学科的交流，另一方面对思想政治课程的授课老师进行培训，保证其能够正确引导学生树立知识产权法律意识。其次，在课程的设置上，针对知识产权专业型学生，应当设置交叉型学科，注重培养复合型人才；针对非知识产权相关专业的学生，应将知识产权相关课程纳入思想政治教育系统中，分配足够的学时对学生进行知识产权专题教育。再次，在授课内容上，不仅应当包括知识产权法律制度的基本内容，还应当注重对大学生知识产权法律意识的全方面培养，包括知识价值意识、创新意识、诚信意识和法治意识，使其认识到知识的价值性，鼓励学生进行创新，避免刻板地模仿复制，引导学生在治学的过程中既尊重他人劳动成果同时善于保护自己的合法权益。最后，在授课方式上，在讲述理论知识之余老师应当采用多种方式加深学生的理解和运用，比如可以采取讨论典型案例的方式提高学生的兴趣，增加学生的参与度，真正发挥思想政治教育课程的作用。

（三）加强侵权行为打击力度，构建良好社会氛围

提升大学生的知识产权法律意识，还需要社会提供良好的外部环境。首先，政府应增设公民参与的知识产权保护渠道，加强守法宣传，同时加大对商标假冒、销售盗版制品等行为的打击力度，引导公民自觉抵制非法出版物等侵权产品。其次，政府相关职能部门应做好高校知识产权教育的监督工作，同时加强与高校的联系，定期派专业人员到高校进行法制宣传。再次，充分利用报刊、电视、广播、互联网等媒体的力量，设立知识产权专题栏目进行普法宣传，同时充分利用每年的知识产权宣传周，在全社会范围内开展尊重和保护知识产权相关活动，引领社会知识产权意识的整体提升，从而形成良好的社会氛围，充分调动科技人才进行科技创新的积极性和主动性，切实贯彻我国十八大提出的“实施创新驱动发展战略”。

第六节　依法治国与大学生权益保护法律意识

随着我国网购市场的繁荣，大学生网购成为目前的一种时尚和潮流。随着网购数量的增加，部分商家信誉良莠不齐，消费者维权法律意识淡薄，造成很多大学生权益受到损害。对此，结合依法治国理念，针对目前大学生网购中存在的权益受损问

题，从网购受损的特征出发，分析造成受损的原因，最后就如何提升大学生的权益保护意识进行探讨，以期增强大学生维护自身权益的方式和渠道。

党的十八大以来，我国开始逐步推进依法治国，并加快和完善我国法律体系改革。习近平总书记在十八大上，就依法治国的实施进行了深入的阐述，并提出了新的思想和理论，给我国未来法律治理体系的构建指明了方向。在依法治国理念下，人们的法律意识不断增强，各方面的权益也得到保障，但是，对于大学生来讲，由于涉世不深，在权益保护方面还屡屡受挫。如在 2014 年 2 月，广州某高校的一位女生通过网购购买了某个产品，但在购买后，商家接到电话，告诉该学生淘宝网升级，需要验证，随后该商家给学生发送了一个链接，让学生输入相关的账号和密码。此后，该大学生先后被骗走 20 余万元，由此给自己造成巨大的经济损失。对此，本节则立足高校思想教育角度，从大学生网购这个现象，结合目前的《消费者权益保护法》，谈目前如何加快对大学生权益的保护，以此提升大学生的维权保护意识。

一、大学生网购权益受损的特征

第一，消费者知情权受损。根据我国《消费者权益保护法》第 8 条明确规定："消费者享有知悉其购买使用的商品或者接受的服务的真实情况的权利。"而这项规定的提出，也说明了消费者在购买商品的时候，具有充分了解商品信息的权利。同时，在我国的《产品质量法》当中，也对消费者的知情权进行了明确的规定："销售者销售的商品标志应当符合以下要求：有产品质量检验合格证明；有生产商厂名和厂址；如果有中文标明的产品名称，产品的规格、等级以及需要事先让消费者知晓的资料。"而网购产品与传统的实体店不同，其最大的特点在于需要通过虚拟化的操作，从而完成不同商品的购买。而这个过程中，消费者只能通过网页上的信息、图片等来获取对不同商品购买的感知。由于没有相关的审核制度，从而导致商家信息的真实性很难得到保证。正是这个问题，使得部分商家在网络宣传中，以次充好，隐藏商品的关键信息，使得部分消费者的权益受到很大的损害。由此看出，正是由于网购的虚拟性，导致很多大学生在购买的过程中的知情权受到侵害，最终导致其合法权益不能得到有效的保护。

第二，消费安全权无保障。所谓的消费安全权，通常是指消费者在购买服务或者商品时，其同等享有人身或者财产权利不受到侵害的权利。如在上述的广州某高校中，由于其点击未知链接，导致其财产损失。而对于网络交易来讲，必须要保障消费者在线支付、隐私等方面的安全，这样才能保障我国公民的最为基本的权利。而这个权利，也是我国宪法赋予每个公民的。但是，根据部分调查显示，超过 95% 的学生都通过支付宝、微信、银行网银等方式进行付款。如果在这个过程中，卖家延迟发货，或者其运输缓慢的话，那么支付宝会将费用直接转移到卖家的账户，从而使得大学生购物的合法权益受到损害，而如果出现网站瘫痪或系统性风险的时候，也可能导致交易安全出现问题。由此看出，大学生在网购的时候，其交易安全很容易受到侵害。

第三，索赔权难实现。对于索赔求偿权来讲，通常是指当消费者在消费中，其权利受到损害的时候，客户以享有获得不同赔偿的权利，这通常被认为是保障消费者合法权益的最后屏障。而根据《消费者权益保护法》当中的相关规定："经营者提供商品或服务按照国家规定或者与消费者的约定，承担包修、包换、包退或者其他责任的，应当按照国家规定或者约定履行，不得故意拖延或者无理拒绝。"但在实际的情况下，网络商品的退换或者是售后往往都非常的复杂，商家会想出各种不同的理由，对消费者的退货要求进行拒绝，从而使得消费者权益受到极大的损害。同时，在索赔过程中，由于维权是时间成本高、花费大等问题，让超过 50% 的学生无奈拒绝索赔，同时超过 40% 的学生认为索赔非常的麻烦，而不愿进行索赔。

二、大学生网购受损的原因

第一，大学生的维权意识淡薄。对很多大学生来讲，其通过淘宝等网络平台购买的商品的额度都不高，大部分都集中在几十元，或者在一百多元的范围。同时，加上网购售后服务机制的不健全，对其中的维权途径没有做出明确的要求，从而导致很多商家在进行售后服务中钻了法律的空子，如很多商家通过其中的免责条款，让学生根本无法找到维权的途径。而通过一些学者的调查看出，47.5% 的大学生在网购权益受损时选择不去索赔，认为索赔太麻烦，不过几十元的小东西，将就使用就好。仅有 15.8% 的大学生表示会选择通过和商家沟通或者退换货等方式来维护自己的权益。而通过这些数据则看出，目前对于很多学生来讲，其维权的意识还非常淡薄，必须要大力提升。

第二，维权成本高。对网购市场来讲，其存在很多乱象，如我国相关的法律规定，当消费者的权益受到侵害的时候，可以通过诉讼的途径来解决，而这个诉讼就必须要采用原告就被告的相关原则。同时在这个过程中，消费者还必须要承担相应的举证责任，并到商家所在的地方法院进行其所。而对于一些不诚信的商家来讲，其网络登记的信息很有可能不是实名注册，从而对管辖法院和责任主体的确定带来很大的难题。同时，由于地理位置不同，消费者还要到商家所在的地方进行维权，这其中的花费则很大，而相对于自己的消费金额来讲，很多人都认为会得不偿失，从而放弃追溯，而不选择维权。

第三，缺乏对权益保护法律意识的培养。目前很多高校，不管是职业院校，还是高等院校，在法律意识方面的培养都相对较少。如对于高职院校来讲，其法律意识的培养一般都通过思想道德和法律课程，而这些课程一般都在大一学期，课时相对较少，更不用谈对维权辅助保障的问题。

三、依法治国下提升大学生权益保护意识的策略

由此，通过上述的分析可以看出，要解决目前的问题，提升大学生权益保护的意识是关键。而要提升大学生对于自己权益保护的意识，特别是在网购方面的权益，还需要从以下几点入手。

（一）从学生角度入手

1. 树立正确的消费观念

对大学生来讲，要保障自身的网购合法权益，首先还是要树立一种正确的消费观念，克服在网购中的盲目从众心理。如对于不合理价格的产品，不盲目跟风；对不合理的链接和网站，不能随意点。同时，减少对个人信息的防备，以此构建网购安全保护的心理防线。

2. 增强自我保护意识

当其合法的权益在受到侵害的时候，一定要用法律的方式来维护自己的利益，对非法商户的侵权行为说“不”。因此，在进行购买中，一定要选择一些高知名度的网站，如京东等大型的网站。同时，在进行购买中，一定要充分了解商品的信息，并了解其退换货流程，最后，尽量选择第三方支付，并保存交易记录，从而保障其未来可能的维权。

（二）从学校角度入手

对于高校来讲，要大力营造网购权益保护文化氛围。对此，一方面，要充分发挥高校思政教学的作用，大力灌输维权保护意识，并通过具体的案例，教会学生如何及时处理；另一方面，发挥学校社团的作用，大力营造合法权益保护的氛围，从而让广大的学生能够增强权益保护的意识。除上述的方法以外，对于高校来讲，还必须要拓宽维权的途径，如提供维权法律咨询、构建维权平台等方式，从而让大学生知道维权，并且知道如何维权。

（三）从社会角度入手

针对目前大学生维权成本较高的问题，还必须要建立社会解决机制。对此，首先

要建立小额诉讼制度和在线诊断解决机制。针对小额争端立案难的问题，降低小额门槛，从而为广大的消费者提供维权的途径。同时，司法机关也要为广大的学生提供司法救助，从而及时帮助大学生解决问题，并惩罚那些不良商家。

同时，构建完善的消费者维权法律体系。对现有的法律进行补充和修订，并专门制定出关于网购维权的法律条文，从而系统性地梳理和规范网购双方必须要遵循的义务，以及其应该享受到的权利，使网购在法律的制度下健康进行。

总之，大学生作为我国网购的一支重要力量，如何在网购的热潮中保障大学生的合法权益，是目前《消保法》保护的重点，也是我国《宪法》赋予的基本权利。因此，只有树立正确的消费观念，并充分发挥社会、高校的作用，才能更好地提升大学生对权益保护意识，做到在网购消费浪潮中不轻信，不盲从，并主动维权，这样才能更好地维护自身的合法权益。

第七节　社会主义市场经济与大学生法律意识

近年来，我国的社会经济迅猛发展，实现了经济体制的转变，从计划经济转变为市场经济，在此形势之下，培养大学生的法律意识势在必行。因此，通过对当下大学生法律意识的现状进行全面分析，在此基础上，对社会主义市场经济和大学生法律意识之间的关系进行了相应的探索，目的是找到培养大学生法律意识的方法和措施。

随着我国的社会主义市场经济体制逐步确立，市场机制发挥出了重大的影响和作用，对人们的意识形态带来了非常大的挑战和冲击。在党的十四大上提出，从一定意义上来说，市场经济体就是法制经济。所以，对社会主义市场经济进行全面的建立、发展和完善的过程中，必须要实行法治，将法律法规作为重要的依据和参照，对多种经济关系进行有效的调节，从而建立健全一个良好的法制环境，在更大程度上提高全社会人民的法律意识。

一、社会主义市场经济发展和法律意识培养之间的关系

随着我国的改革开放的进行，社会经济迅猛发展，实现了与多国之间的经济往来，在越来越激烈的国际市场中占据了一席之地，对外贸易额不断攀升。不过，法律意识比较淡薄，导致了重大损失的出现。比如说注册商标。不久前，云南省的“红塔牌”香烟被菲律宾人抢先注册了，他们所注册的商标的外观和云南省的“红塔牌”香烟的外观如出一辙，不同的只有产地，而且其产量也与云南省非常接近了，这就意味

着中国的这种品牌的香烟没有可能进入到菲律宾市场了，如果执意要进入菲律宾市场，就意味着侵权。还有这多起韩国人抢注中国的商标的例子，并且这种形势愈演愈烈，中国的很多众人皆知的品牌都被抢先注册，包括同仁堂、全聚德等等。根据相关的数据分析和总结，可以发现，中国的180多个商标品牌被澳大利亚抢先注册，48个被印尼抢先注册，还有100多个被日本抢先注册。我国的产品在海外申请注册的时候有大约15%的品牌被抢先注册，并且大部分都是名牌。这种情况的出现给中国带来了非常重大的经济损失，甚至来不及估计这些被抢注的中国品牌在进入国际市场的时候究竟有着多大的潜力，正是因为缺乏国际商标保护的法律意识，而丧失了参与到国际竞争中的机会。

从多个案例中可以发现，在市场经济的发展过程中，法律意识发挥着重要的作用和影响，是其重要的影响因素，当法律意识缺乏的时候，势必导致重大的经济损失和在国际市场中竞争和发展的机会。这是有原因的，主要就是竞争性市场机制是市场经济体制运行的重要基础，市场经济是通过主体之间的竞争来实现资源配置的。不过，竞争还有着非常重要的前提，那就是平等。那么，要如何给市场主体创造平等的外部环境呢？必须要将法制作为重要的依据和参照。从法制的角度来说，需要遵循相应的原则，主要就是法律面前人人平等。法律对全体市场主体提出了相应的要求和规定：必须要严格遵循有关市场平等竞争的法律，都要在法律规定的范围内活动，都要在法律轨道上运行。与此同时，市场经济本身也有着缺陷和弱点，主要包括自发性、盲目性、调节的滞后性和市场主体的趋利性等等，当没有相应的规则来对其进行严格的规范的时候，正常的市场秩序是得不到有效维持的，也无法对良好的市场关系进行有效维护。要改善这种情况，就需要对规则进行充分的应用，这种规则就是法制，要促进市场经济的发展，使其更加成熟、完善，必须要构建和市场经济相适应的法制。

随着市场经济的发展，我国的实体法制的构建已经有了比较大的进展，每一年都有着大量的新的法规出现。不过，也存在着一定的问题和缺陷，人们的法律意识和法律的制定没有相适应，反而有着很明显的滞后性。在人们的法律意识培养方面，传统的法律观念有着非常大的影响力，对其产生了严重的阻碍作用。对于很多人来说，法律就是惩治违法犯罪分子的途径和手段，法院只是专政的工具，只要自己遵纪守法，法律就和自己没有关系；法院也是一样的，错误认为法律仅仅是约束人们行为的枯燥条文。实际上，对于所有的公民来说，法律都发挥着两大方面的作用和功能，分别是约束和保护。比如说，中国的很多品牌都被其他国家抢先注册，出现这种问题的最主要的原因就是我国的企业缺乏法律保护意识。所以，市场经济的发展提出了更高的要求，必须对每一个公民运用法律手段维护自身合法权益和社会公共利益的法律意识进行全面、有效的培养，并且培养人们的依法行使权利、履行义务的思维方式和行为习惯，通过这样的方式，在更大程度上提升人们对于法律的重视程度，对法律进行有效的运用，使彼此之间的距离不断拉近。

二、大学生法律意识的培养是社会主义市场经济的迫切需要

最近几年中，大学生犯罪率不断升高。通过对大学生的犯罪案件进行分析和研究发现，大学生制造的犯罪案件大多是盗窃罪和抢劫犯罪，并且具备了鲜明的特点，主要包括多次性、多人性和多地性等。随着社会经济的发展，我国的经济体制发生了相应的转变，当下实施的是市场经济体制。市场经济体制不断构建的过程给高校带来了更大的冲击和挑战，其一，为高校的发展提供了重要的生存和发展的机遇和活力；其二，也带来了很大的消极影响和作用，在市场经济中将经济利益作为关键和核心，所遵循的唯一的原则就是经济原则，将其作为最重要的基准。虽然这对于经济效益的获取有着非常大的益处，不过，也在很大程度上强化了人们追求利益的观念，对于大学生的观念和思维的养成是非常不利的，容易形成拜金主义和极端功利主义等思想和行为。同时，市场实行的是自我保护的原则，对个人的价值进行了充分的强调，在一定程度上调动了人们的积极性和主动性，但是，也可能导致人们对国家和集体的利益不重视，利己主义的思想不断深入，最终导致违法犯罪行为的产生。

在社会主义市场经济下，当下的大学生是非常迷茫的，他们亲眼看见了太多的经济活动所带来的负面的影响，在经济活动中，原有的道德秩序逐渐崩溃，社会中的很多成员都投入到了对物质追逐的时代大潮中，很大一部分的人都没有将遵守道德作为重要的事情，不断对道德准则加以破坏。在民族的传统文化中也有着很多消极的、负面的东西，人们对其加以剔除和割舍，不过，没有对相应的符合时代要求，并且具备民族特色的道德准则进行有效的构建。当下的社会状态是非常令人难堪的，对于大学生来说，要找到新的道德支柱是非常难的，在此基础上，非常容易导致违法犯罪行为的发生。

从此状况来看，必须要确立全新的道德支柱，这里所说的道德支柱就是法律，唯有法律才能承担起道德重建的职责和任务。

三、培养大学生法律意识的途径和措施

（一）实现对大学生的法律意识的培养，需要从多方面入手

对于高等院校来说，最根本的任务是培养国家和社会未来的建设者，这与社会

主义现代化建设是息息相关的，教育的目的不能只是让学生掌握大量的知识，还需要使他们成为精神的倡导者和身体力行者。要实现这方面的目标，校方就需要承担起相应的职责，对学生进行法制方面的教育，并且不断拓宽法制教育的途径，在对其进行教育的过程中，使其树立起良好的法律意识。需要将此项工作纳入到学校的校风建设的范畴中，使其朝着制度化和经常化的方向发展，及时、有效地对大学生的违纪、违法行为进行处理，帮助他们逐步树立起良好的法律意识。

（二）对公共法学课教学进行全面改善

在大学生法律意识培养过程中，起着主导作用的是公共法学课，在市场经济逐步确立的过程中，这门课程急需进行全面改革，在更大程度上满足法制经济形势的需求。其一，对教学内容进行相应的创新和完善。教学内容主要呈现在教材上，要对其进行相应的完善和更新，就必须将教材作为重要的依据和参照。当下高校教学中所应用的教材存在着多方面的问题，没有与市场经济的需求相适应，必须要改善教材的系统性、针对性、时效性和新颖性。其二，对教学方法进行有效改革。传统的教学方法已经不能满足时代发展的需求，必须要将大学生的法律意识培养作为关键和核心，并与法学课程的特点进行充分的结合，利用开放式教学方法和直观式教学方法，同时，还可以举办多种活动，如知识竞赛、公审大会等。

市场经济和法制经济之间有着非常密切的联系，可以说，市场经济就是法制经济，法律的建立是在一定的经济基础上的。一方面，经济基础对法律有一定的决定作用，另一方面，法律也影响着其经济基础，并且提供相应的服务。社会主义市场经济的健康、长久发展是非常重要的，要实现这一目标，就必须要对大学生进行有效的法律意识培养，依法行事，对其进行合理的运用。

第八节　公民意识视阈下大学生法律教育

公民意识是法治社会必不可少的元素，大学生作为我国依法治国与和谐社会建设的重要力量，公民意识养成应当成为大学生法律教育的目标和重要组成部分。以公民意识为视角的大学生法律教育问题研究体现了时代价值，是建设社会主义法治国家的内在要求，契合了大学生法律课程的教学需要，是构建适合中国特色的大学生法律教育体系的需要。

党的十九大报告指出："坚持法治国家、法治政府、法治社会一体建设……提高全民族法治素养和道德素质。"《青少年法治教育大纲》强调，要"培养和增强青少年的国家观念和公民意识”。在中国，法治社会已经成为时代的必然选择，而公民意识不仅是我国法治社会形成的内在驱动力量，更是法治社会建立的重要前提。大学生公民意识的养成已成为高校法律教育的主要目标之一。

一、大学生法律教育与公民意识之间的关系

法律教育包括法律的职业教育和法律的普及教育，前者旨在培养法律领域内的专门人才，后者致力于普通国民的法律教育。目前，我国的法律教育重点在于法律专门人才的培养，对于普及公民的法律意识及素养方面不够重视。公民意识“是公民对自身的政治地位和法律地位、应履行权利和应承担义务的自我认识”，公民意识与大学生法律教育有着紧密的联系。

公民意识是大学生法律教育的主要目标之一，大学生法律教育是公民意识培育的重要方式。一方面，法治社会内在地包含着公民意识，大学生法律教育使当代大学生树立正确的公民意识，最终能够成为一名合格公民。公民意识的形成必须通过一定的方式来完成。学校通过普及法学理论知识，让学生掌握法律知识、形成法律意识，使大学生对自己的公民角色产生心理认同，促进公民意识的养成。两者相互影响、相互促进。另一方面“法律教育的基本内容表现在大学生是否养成了公民意识”。大学生法律教育的过程也是公民意识形成的过程。如果大学生法律教育的方式、方法等符合公民社会发展的需求，公民意识就会得到提升，两者就会形成良性互动状态。

二、大学生法律教育存在的问题

重“思想道德修养”轻“法律基础”。在地位上，高校课堂教育主要是通过教材即《思想道德修养与法律基础》进行。课改后，法律基础部分的内容被压缩，比重减少且位置靠后。法学是一门体系庞大、内容丰富的学科，“法律基础”也只能体现出最基本的框架，教师教学片面追求传授法律知识的容量，学生即便掌握了法律知识，从中体会到更深层次的法律思维和法治理念，法律教育最终流于形式，无法达到预期的教育目标。

重理论轻实践。当前大学生法律教育大都局限于课堂教学，实践教学环节相对欠缺。法律教学方式基本是通过书本学习抽象的理论知识，并且课堂上的案例讨论本质上还是一种思想层面的理论推演，并未接触真正的实践，法律教育需要摒弃纯粹知识性教育的倾向，加强理论与实践的有效结合。法律是一门实践性很强的应用型学科，不能脱离实践，正如达·芬奇所言，“理论脱离实践是最大的不幸”。

重知识灌输轻观念培养。高校法律教育普遍存在注重知识灌输轻视观念培养的现象。教师在授课过程中往往是急于赶进度,不进行深入探讨,把大部分精力放在了讲解具体的法律知识上，学生在一定程度上也能真正地学到知识，但只是知识的单纯灌输,无法做到将法律知识升华到对学生法律观念的培养上。“法律教育既要传授系统的法律知识，更要探寻法律背后的义理和精神。”法律教育不能囿于法律知识的简单学习,要重视知识背后所承载的价值与理念。

三、解决大学生法律教育问题的路径选择

大学生法律教育的重点应当包括两个方面，一是掌握法律的基本理论与知识；二是形成正确的法律思维、公民意识，做合格公民。若要解决以上问题，达到大学生法律教育的预期效果,可以从以下三个层面进行改善。

法律教育的内容层面。教材是法律教学的前提,教材既是教师教学的依据,又是教师对教材的再次开发。虽然“我们不能简单地以教材篇幅大小衡量法制教育的地位，不能机械地以课时多少来判断法制教育的分量”，但这些因素的重要性是毋庸置疑的。对于重“思想道德修养”轻“法律基础”的情况，可通过二维码等手段扩大教材知识储量，除了课堂教学，对于不同专业的不同需求，法律教学应当充分利用网络资源，将丰富的网络资源作为法律课堂教学内容的延伸。大学生将来都会迈入社会进入不同的领域，线上线下相结合的教学模式能让学生更深刻地理解如何规范自身行为以及维护自身合法权益,树立正确的权利义务观,形成正确的公民意识。

法律教育主体层面。高校法律教育的主体是学校和教师。第一，学校层面应重视大学生法律实践环节的锻炼。加强校外实践，与当地法院、律师事务所等建立联系，有计划地组织学生参加法院旁听、参观律所等活动，让学生在实践中更深刻地体悟法律的真正价值与意义。第二，提升教师专业素养。重点加强本校教师的法学教育水平，对于开设有法学专业的院校而言，利用本校优势提升非法学专业教师的整体水平；对于未开设有法学专业的院校而言，可以聘请专业人士对任课教师进行培训,实施法学人才引进战略,为增强法学师资力量注入新鲜血液。加强院校间的交流合作，通过交流互取所长，互相进步。第三，改进教学方法。课堂教学除传统的“灌输法”外，还可综合运用互动式、启发式和渗透式等教学方法，在观念和意识上对学生达到潜移默化、润物无声的教育效果。

法律教育的对象层面。大学生作为高校法律教育的对象，是学校法律教育的核心。大学生应积极发挥主观能动性，主动融入法律学习当中，接受法律的熏陶，要积极配合学校的法律教育活动，对于学校组织的实践活动要踊跃参与，对理论与实践

结合过程中产生的问题认真总结，多与老师同学进行经验交流，虚心接受别人的意见和建议，通过交流学习逐步形成自己的知识体系与法律价值观。

总之，大学生法律教育与公民意识的培养是一项长期而复杂的系统工程，但这是大学生法律教育必须坚持的发展方向，是我国教育不可或缺的部分，对培养合格公民具有重要意义。随着法治社会的发展，大学生法律教育的地位愈显重要，相信通过各方的共同努力，大学生法律教育必将在新的征程有长足的发展。

第五章 我国大学生法律意识培养

第一节 大学生法律意识培养问题与优化

在我国倡导建设法治社会的背景下，本节以当代大学生的法律意识培养工作为研究对象，通过对大学生法律意识培养中存在问题的分析，探究了其具体的培育对策。希望借助以下研究和探讨，能够对进一步促进新时期我国大学生法律意识的培育工作具有一定的借鉴意义。

当代大学生是我国社会主义事业建设的主力军，其自身法律意识涵养情况对我国社会的法制化建设工作产生着重要的影响，关系着依法治国战略的深入化推进和实施。尤其是面对当今社会经济、文化、科技等的多元化创新发展现状，学生在法律意识淡薄的情况下，极容易走上不正确的道路，而对学生未来的美好发展造成极为负面的影响。尤其是针对近年来不断见诸报端的有关高校大学生因法律意识淡薄而出现的自身合法权益受到侵害亦或是违法等事件的发生，更是不断刺激着我们每一个从事高校教育者的神经，要求我们积极重视大学生法律意识培育工作。在法律的规制作用下，通过大学生的自律和他律，来为学生的健康成长以及未来发展构建一个良好的外部环境。

一、大学生法律意识培养存在的问题

（一）大学生法律观念淡薄

随着我国近年来法治社会建设事业的不断向前发展，各个高校也逐渐认识到了对学生开展法律教育的重要意义，并将其纳入到当前教育事业改革发展计划中来，在此种情况下，我国大学生对法律知识学习的重要性也有了进一步的认识。但由于高校法律教育缺乏与学生实际生活之间的联系，因而使得学生难以将理论性的法律内容与自身实际生活联系起来，进而也就限制了学生法律观念的形成，不利于法律在学生生活中实际效用的发挥。尤其是当纠纷发生时，很少学生会第一时间想到拿起手中的法律武器来捍卫自身权益。与此同时，在新媒体的作用下学生获取信息的渠道逐渐拓展，在以权谋私、以钱买法、违法乱纪等社会不良违法事件的影响下，会

对学生的法律信仰形成打击,造成学生对法律存在的质疑。

（二）大学生法律能力不足

学生法律能力是在法律意识的作用下,产生的一种对法律进行应用的基本能力,能够反作用于学生法律意识的有效培养。当前高校大学生法律意识培养存在的另一个主要问题就是大学生法律能力的不足,主要表现为,用法能力不足、守法能力不足。尤其是当学生的自身权益受到侵害时,大多数学生会以一种大事化小小事化无的忍耐态度予以对待,认为凡事忍让就可以很好地度过,殊不知正是其这种无底线的忍让才造成了对方对自身权益的一再侵犯。如,校园贷、用工合同纠纷。还有些学生,在法律意识淡薄的情况下,无借助法律的自我规制作用来实现对自身行为的约束,而做出违法乱纪的事情,不仅侵害了他人的合法权益,更甚者还会在社会中形成十分不好的影响。

二、大学生法律意识培养优化对策

（一）树立正确的教育观念

正确法律意识教育观念的树立,无论是对于教师教学工作的有效实施,还是对于学生的学习而言都极具导向作用。为此,要想促进大学生法律意识的有效培育,首先就需要我们的教师树立正确的法律意识培育观。具体来讲,要结合当今教育部门对素质教育改革的倡导,树立法律意识素质教育观,彻底挣脱以往应试教育思想对大学生法律意识培养工作的束缚。使教师能够站在长远的角度,从促进学生健康成长成才的目标出发,来将法律意识培育工作从以往单一的知识理论灌输,拓展至学生的实际生活当中,以此来拉近学生生活与法律之间的距离,强化法律在学生生活当中的实用性。将学生的法律素质教育、法律意识教育、法律观念培育、法律信念教育等放在同等重要的位置去对待。

（二）营造良好的外部环境

法律意识培育环境的营造不仅包括学校这一个小的环境,更包括了社会大环境。具体来讲,学校方面要积极构建法制化的校园文化环境,以此来对学生的法律意识予以感染和影响。如,构建完善的校园规章制度,并要求全校师生在严密的监督下予以贯彻实施,以此来彰显法律、规制的重要意义,使学生认识到法律面前人人平等,都必须从中自身职责出发,履行一定的责任和义务。同时更要,结合高校的校报、网站等宣传窗口,结合相关实际案例的评论,来加大校园普法宣传工作,并在校园中增设法律咨询服务窗口对学生的法律疑问予以解答，以此来在无形当中对学生的法律意识进行渗透式培养。

第二节 大学生法律意识培养的意义

随着我国法制建设的不断深入，大学生作为我国未来社会建设的主力军，在大学期间加强对其进行法制教育，培养大学生法律意识，使其掌握基本的法律知识具有十分重要的积极意义。培养大学生法律意识是实现依法治国的内在要求，同时有助于全面提高大学生素质，提高大学生自我保护能力，为其走向社会提供坚实基础。

2014 年 10 月，党的第十八届五中全会对如何加快推进依法治国，全面建设社会主义法治国家做了深入讨论和部署。随着我国社会经济的不断发展，依法治国已成为我国构建和谐社会实现中国梦的必由之路，在这样的时代背景下，加强大学生法律意识培养，提升大学生基本法律知识无论是对社会主义法制建设还是对大学生自身素质提高都有十分重要的意义。

一、大学生法律意识培养是实现依法治国的内在要求

全面推进依法治国，加强社会主义法制建设要求在立法上完善社会主义法律体系，做到有法可依；在司法上不断推进司法体制改革，做到执法必严，而这些都必须落实在全民的守法层面，做到有法必依。全民守法要求公民具有一定的法律意识。公民法律意识首先表现为公民对法律权威的认可和对法律秩序的信仰，在国家“立良法”的基础之上相信遵守法律所带来的积极后果，并且能够依从自己的内心而不是国家强制力自觉遵守法律。除此之外，公民的法律意识还表现在公民对基本法律知识的了解和权利意识的觉醒，遇到侵权和纠纷能够有效的运用法律武器来保护自己的合法权益。只有真正提高我国公民的法律意识，法制社会才能过真正实现。

大学生祖国发展的未来和希望，是建设社会主义法治社会的中坚力量。加强对大学生法律意识的培养，是提高全民法律意识的突破口和重点。首先，大学生初入大学校园，社会观和价值观还没有完全形成，在这个阶段对其进行法制教育，容易使其产生正确的法律观念，并且内化于他们的社会观中。其次，高校有其得天独厚的教育和宣传优势，有利于开展多种形式的法制教育和宣传工作，集中且高效，在学校进行法律法制宣传教育效果事半功倍。最为重要的一点是，大学生是未来国家建设的中坚力量，从学院中走出去他们会分布在祖国建设的各行各业中。在学校中培养好他们的法律意识，使他们走向社会能过自觉地尚法守法，在各行各业尊重法律规则的

调整，对全面建设法治社会具有重要意义。最后，大学生作为新一代青年知识分子，人数众多，他们的法律意识可以影响到其他公民，给尚法守法社会风气的形成起到积极作用。

二、大学生法律意识培养有助于全面提高大学生素质

法律是一门逻辑严谨内涵丰富的学科，大学生掌握基本法律知识，拥有法律意识和法律思维，对提高大学生逻辑思维、规则意识有重大意义。责任意识都有十分积极的作用，有助于全面提高大学生素质。

（一）有助于提高大学生的逻辑思维

法律是一门逻辑结构十分严密的学科。在立法上，每个部门法律之间分工明确又相互调整配合，每一个法律条文都按照假设条件、行为模式和法律后果的逻辑结构进行规范。在司法中，各个司法机相互配合相互制约，法律适用执行最严格的证据和逻辑审查。这些都无不说明法律从学科到实践都不断强调严密的逻辑。

正因为如此，大学生学习掌握基本的法律知识，学习法律规范的逻辑结构，能够在学习中潜移默化的影响思维方式，锻炼和提高自己的逻辑思维能力。不论大学生在校学习什么专业，将来走向社会从事什么职业，一个良好的逻辑思维都是他们走向成功的助推器。

（二）有助于增强大学生的规则纪律性

法律是调整人们行为的一种规制手段，它依据法律规范告诉人们什么可以做、什么应该做、什么不能做，并通过国家强制力来实现。简单来说它就是一种规则一种“纪律”。法律赋予人民权利，但同时人民在享有权利的同时必须履行相应的义务来保障其他人权利地实现。这就是卢梭所说的“带着加锁的自由”，我们在享受法律保护的同时也必须受其约束。

现在的大学生大多思想独立，个性鲜明，受西方自由主义思想影响较重，规则纪律意识淡薄。培养他们的法律思维，使他们从内心崇尚法律规则，自觉接受法律调整，在追求自我个性解放的同时有底线思维，这对大学生的规则纪律意识的提高有十分重要的积极意。对大学生而言富有纪律意识是他们身心成熟的必备条件，是学习工作的必然要求，也是走向社会适应不同环境的基本素质。

（三）有助于提高大学生的责任感

法律赋予公民权利，保护他们的合法利益，但与此同时也要求公民履行相应的义

务。公民履行义务是为了确保其他人权益的实现,这是自己享受权益的前提条件,而公民若违反了法定或约定的义务便会产生法律责任，承担不利的法律后果。虽然我们常说的责任和法律中的所讲的责任不是同一意义，但是对于法律义务与责任的正确理解能够使人们理解履行义务和承担法律责任是我们享受法律保护的前提，是一种利己行为从而主动履行，当一个人自觉地去做应该事，也就实现了我们普通意义上所说的一个人的责任。

现在的大学生是自我意识觉醒的一代,他们渴望取得成功完成自我价值的实现,这是他们自我责任感提升的表现。但是当代大学生的角色和社会责任意识呈现出弱化的倾向，如家庭责任意识不强，爱情、婚姻责任观念比较混乱，职业责任认识比较模糊，他人责任和集体责任观念淡化，合作意识不强。法律涉及社会生活的方方面面，培养大学生的法律意识，在他们心中强化法律义务与责任的观念，使其有主动履行义务的自觉将有助于提高大学生的角色和社会责任感。

三、大学生法律意识培养有助于提高大学生自我保护能力，为其走向社会提供坚实基础

学校步入社会是人生的关键，大学生在学校经过四年学习具备了一定的专业知识,但是初入社会的他们缺乏阅历和经验,往往不能顺利的适应社会和保护自己。在大学期间对学生进行集中法制教育，有助于帮助学生更好的认识周围的人和事，在处理任何问题时都能保持理性的态度，提高法律意识，崇尚法律，能使大学生自觉做到遵纪守法,减少大学生走向社会后违法犯罪的发生。最重要的是,大学生在校期间掌握基本法律知识，能够使其在自身权益受到损害和威胁时提高警惕，利用法律武器来保护自身合法权益,减少纠纷的发生。

综上所述,高校加强大学生法律意识的培养,大学生掌握基本的法律知识是我国依法治国全面建设社会主义法制社会的要求，也是大学生全面发展的要求。大学生法律意识的提高意义重大。

第二节　大学生法律意识培养路径

大学生法律意识的高低，直接关系到法治中国建设的未来。本节从问题视角揭示新时代培养大学生法律意识的必要性与优化大学生法律意识培养路径的紧迫性，并在相关研究的基础上，提出大学生法律意识培养路径可能的创新模式，即以加强大学生自主培养法律意识为核心目标，在以家庭和学校为代表的特殊外部环境以及

区分为现实和虚拟两种社会外部环境共同作用下，通过显性引导与隐性引导的方式，结合法律与道德的联合培养，由外至内全方位打造大学生法律意识培养路径网状结构，以期由内至外提高大学生的法律意识。

一、大学生法律意识培养的重要性

十九大报告作出“中国特色社会主义进入新时代”的重大判断。在这决胜第一个百年奋斗目标和实现中华民族伟大复兴中国梦的关键历史时期，法律的地位日益突显，法治中国成为建设社会主义现代化国家的重要目标之一。

法律是治国之器。十一届三中全会公报指出：“为了保障人民民主，必须加强社会主义法制，使民主制度化、法律化，使这种制度和法律具有稳定性、连续性和极大的权威，做到有法可依，有法必依，执法必严，违法必究。”这“十六字方针”，准确地描述了法治的基本精神内核，阐述了依法治国的基本内涵，为依法治国方略的最终提出奠定了思想基础和制度基础。党的十五大正式提出依法治国基本方略，十五大报告指出：“依法治国，是党领导人民治理国家的基本方略，是发展社会主义市场经济的客观需要，是社会文明进步的重要标志，是国家长治久安的重要保障。”十五大正式将依法治国提升为国家治理的基本方略。依法治国方略的提出，标志着党在执政理念、领导方式上实现了一次历史性跨越，为我国此后的国家治理和社会治理指明了方向。党的十八大强调，依法治国是党领导人民治理国家的基本方略，法治是治国理政的基本方式，十八大确立了依法治国的新任务和目标。党的十八大报告中提出“科学立法、严格执法、公正司法、全民守法”新的十六字方针，表明我国社会主义法治建设进入了新阶段。党的十九大报告又提出要继续“深化依法治国实践”，明确提出全面推进依法治国总目标是建设中国特色社会主义法治体系、建设社会主义法治国家。

当代大学生作为推动国家、社会发展的排头兵，是中国特色社会主义建设的主力军，承担中华民族伟大复兴的历史重任。大学生法律意识的高低，直接关系到法治中国建设的未来，培养大学生法律意识、提高大学生法律意识水平不仅有利于大学生综合素质的全面提升与发展，对我国建设社会主义法治国家也具有重大的意义。一方面，大学生作为未来社会最具生气的力量，培养并加强他们的法律意识不仅是推动高等教育内涵发展的重要内容，更是推进我国法制建设体系进程的客观需要，有利于校园及社会环境长期安全与稳定的维护，具有正向的外部效应，可以为实现中华民族伟大复兴中国梦营造良好的外部氛围；另一方面，大学生法律意识的提高还是大学生维护自身合法权益的根本要求，培养并加强他们的法律意识是推进大学生全面健康发展的基本内容，有助于大学生良好品质的形成以及独立人格的健全，具有正向的内部效应，可以为实现中华民族伟大复兴中国梦打下坚实的人文基础。

二、大学生法律意识及培养现状分析

法律意识是人们关于法律现象的认知、情绪和意志的总和。大学生群体中，法律相关专业与非专业学生对法律的认知、对法律知识的掌握程度以及对法律知识的运用能力具有显著差异。由于专业学生无论是对法律知识的自主学习还是对法律意识的自我强化都有着长期且系统的专业化指导，他们的法律意识状况普遍较高，而非专业学生仅从宏观上了解法律基础知识，他们的法律意识状况往往参差不齐，所以本节主要研究对象为大部分非法律相关专业的大学生群体。近年来社会中出现的一系列大学生严重违法事件不仅直接反映了我国大学生的法律意识存在着诸多问题，还间接反映出我国大学生法律意识培养体系存在着诸多漏洞，具体包括以下几个方面：

（一）法律意识薄弱，培养渠道单一

虽然当今大学生明晰自己享有公民的基本权利，并应履行公民的基本义务，但很多时候他们并不具有强烈的法律意识。一方面，非专业大学生群体常常忽视法律的重要性，对法律知识的学习不予足够的重视，一般除了不得不自行完成的必修课任务以外，他们基本不会主动学习与探究法律及相关知识；另一方面，学校对大学生法律意识的培养也缺乏足够的重视，作为大学生最主要的培养教育渠道，不仅法律基础课程设置稀少，在校园生活的方方面面也未充分发挥法治的积极引导作用。这反映出在当前的大学生法律意识培养不健全，不仅校园内单一的课堂直授模式存在诸多弊端：一般以直接教授知识为主的课堂教育模式由于其教学内容单调乏味，难以激发能驱动学生自主学习的好奇心，结果培养效率低下、效果甚微；而且从总体来看，大学生法律意识培养渠道较为单一。所以除了校园课堂教育模式需要改革创新以外，大学生群体所处的任何环境，包括家庭、社会等，都可以成为培养与加强大学生法律意识的良好途径与场所，可以探索多样化的法律意识培养路径。

（二）法律基础知识匮乏，应用能力不足

虽然当今大学生具有一定程度的法律意识，但由于法律基础知识储备不足，导致其在实际应用场景中无法充分认知并发挥法律的作用。一方面，由于非专业大学生法律基础知识普遍较为匮乏，在实际情境中他们往往直接屏蔽或尝试后放弃通过法律手段维护自身基本权利的方式；另一方面，几乎不了解法律基础知识的学生在

某些极端情况下甚至会轻易做出触碰法律底线的过激行为，从而造成不可挽回的过失。这反映出在当前的大学生法律意识培养工作中，教育模式与教育理念比较陈旧，以课堂直授为主的校园培养模式长期以灌输法律知识为目的，不重视学生的知识掌握情况，也不重视理论与实践的结合，导致大学生法律基础知识普遍匮乏，实践经验也普遍不足。

（三）法律信仰缺乏，法律建设不充分

虽然大学生内心对社会主义现代化建设中的法制建设表示认同，但由于现阶段我国的法制建设并不完善，学生心中的法律信仰常常无法找到归宿。一方面，由于封建迷信等传统观念的影响，社会中频频出现执法不严、违法不究等现象，这些现象极度削弱了法律的严肃性和公正性，使大学生的法律认同感逐渐消失，法律信仰也逐渐迷失；另一方面，由于法律建设不充分，现实生活中有些情形往往无法通过法律而只能通过寻求关系等其他途径来解决即法律无效，这样的情形若经常出现，将导致他们的法律信仰严重缺失。这反映出当前在培养大学生法律意识方面，我国法律体系的建设还不充分，存在诸多漏洞的同时还存在诸多不良的社会风气，使得法律无法正常发挥积极的引导作用。

三、新时代大学生法律意识培养路径研究

针对新时代背景下提高大学生法律意识程度的必然需求，以及目前非专业大学生普遍存在的法律意识薄弱问题，完善与优化大学生法律意识的培养路径已成为当务之急。国内学者对我国大学生法律意识培养路径优化模式的探索最初主要集中在以构造学校、家庭和社会三位一体的教育网络体系或以构建国家、社会和高校三个层次的法律培养框架为基本思路提出具体优化措施，之后在三维框架基础上延伸出一条强调大学生自主增强法律意识的培养路径，打造出“社会—高校—家庭—大学生自身”的四维立体网络结构。本节则结合新时代特征和已有研究基础。

具体来说，即以加强大学生自主培养法律意识为核心目标，在以家庭和学校为代表的特殊外部环境以及区分为现实和虚拟两种社会外部环境共同作用下，通过显性引导与隐性引导的方式，结合法律与道德的联合培养，由外至内打造全方位大学生法律意识培养路径网状结构，以期由内至外提高大学生的法律意识。

（一）内部激励为主，外部引导为辅

1. 以激发大学生自主培养法律意识为核心层

内因往往是引导事物前进与发展的根本动力，在大学生法律意识培养工作中，

最核心的任务便是激发大学生这一主体要素的自觉性，引导大学生进行自主学习，提高大学生自我学习能力，从而使大学生能做到主动学习法律基础知识，主动培养自身的法律意识，并积极运用到实际情境中。在核心层要充分发挥大学生的主观能动性，首先需要大学生主动转变自我扭曲的法律观念，要求他们不仅能主动提高对法律学习的重视程度，还能在实践中主动增强对法律的认同感；其次需要大学生主动转变法律知识的传统学习观念，要求他们不仅能主动学习法律基础知识、提高法律知识水平，还能在增强法律基础知识和法律自信的同时主动提升法律实践运用的能力，即做到在实际情境中积极主动地寻求法律的帮助以及正确使用相应的法律武器；最后要求大学生能自觉养成遵纪守法的好习惯，主动维护法律权威，并充分发挥大学生群体的示范作用。

2. 以引导大学生发挥自主性的外部环境为外围层

虽然事物的发展主要由内部因素推动，但良好的外部因素往往起着不容忽视的促进作用。在大学生法律意识培养工作中，健康的外部环境通过各部分的密切配合，可以形成一个强有力的宣传教育网，正向引导着大学生形成培养法律意识的自觉性，而一系列关于完善外部环境的创新举措又将继续推动大学生主动提高自己的法律意识。本节从不同角度将外部环境分为特殊外部环境与一般外部环境，其中特殊外部环境中的横向外围层，主要包括家庭和学校这两个重要的教育场所，而一般外部环境中的纵向外围层，是指包括家庭和学校在内的社会总体环境，主要分为现实社会环境和虚拟社会环境。

从横向外围层来看，家庭和学校作为大学生受教育的重要场所，应充分发挥其以教育为主要培养方式的积极引导作用。其中，家庭场所作为大学生成长必不可少的生活场所，家长的言行举止往往对大学生有着潜移默化的影响，因此在法律意识方面，家长应坚持以身作则、言传身教，即在积极加强自身法律意识的前提下，正面教育并引导子女主动增强其法律意识。另外，学校场所作为大学生成长不可或缺的学习与生活场所，往往以其特有的方式影响着学生的人生观和价值观等，因此在法律意识方面，高校应重视对大学生法律意识培养的教育工作，不仅要合理设置法律基础理论课程，还应在此基础上拓展相关法制教育实践活动，同时要积极营造健康的校园法治环境，充分发挥学校教育场所对大学生法律意识培养的正向引导作用。

从纵向外围层来看，现实社会与虚拟社会作为国家主导下的开放环境，应充分发挥党和政府的主导作用，坚持全面依法治国，并在不断健全我国法治体系的进程中，建设良好公平的社会法治环境，从而正面引导大学生养成自主培养法律意识的习惯。其中，现实社会作为大学生最直接的生存发展场所，往往全方位影响着大学生的思想和行为等，因此在现实社会中要增强大学生法律意识，必须不断完善从法律咨询到司法机制的全渠道法律服务体系，并自上而下地加强法治建设的正面宣传力度，从而潜移默化地发挥法治社会的引导作用。另外，虚拟社会作为新时代新兴并日益成熟的网络虚拟环境，已逐渐成为大学生日常生活中不可分割的重要组成部分，由于其具有传播速度快、遍布范围广、影响程度大等特点，故在法律意识培养方面，虚拟社会可以充分发挥其独特优势。要通过虚拟社会增强大学生法律意识，一方面，必须完善网络法律治理体系，拓宽网络法制宣传渠道，加强网络法律宣传教育，创新网络法制教育活动；另一方面，也要搞好网络法律综合治理，加强对网络舆论的引导，落实对网络环境的监管工作，培育健康积极的网络法治环境，从而发挥虚拟社会的积极引导作用。

综上所述，至此便形成以激发大学生自主培养法律意识为核心层，以引导大学生发挥自主性的外部环境为外围层的主体培养路径框架，其中外围层分成由家庭和学校两个特殊外部环境组成的横向外围层及由现实社会环境和虚拟社会环境两类一般外部环境组成的纵向外围层。

（二）外围层通过显性引导与隐性引导相结合的方式作用于核心层

完善与创新外部环境的各项举措需要通过显性和隐性的方式引导大学生发挥自主性。其中，这里的显性引导就是以灌输法律基础知识为主，结合一系列法律实践活动，直接提高大学生法律意识的方式；隐性引导就是全方位改善外部环境，从各方面潜移默化引导大学生自主感悟与学习法律的方式。例如横向外围层中的学校不仅可以利用法律课堂显性引导大学生强化法律知识基础，还可以通过改善学校自身的法治环境、营造校园健康的法治氛围，隐性引导大学生自觉培养法律意识；同时，结合纵向外围层中的虚拟环境来看，学校也可以通过网络进一步发挥显性与隐性的引导作用，如通过网络平台跨界融合教育和实践，直击大学生生活与实践的方方面面，以新思维、新角度、新方式全面促进大学生自主培养法律意识。

（三）外围层通过法律与道德培养相结合的方式作用于核心层

道德与法律之间是相辅相成的：法律为道德提供制度保障，道德又为法律提供价值基础。因此，外部环境要正确发挥对内部引导的重要作用，除了要关注法律及法律意识的相关培养，还应结合道德培养来提高大学生的法律意识。积极的道德培养不仅有利于法律及法律意识发挥正向引导作用，更有利于大学生形成增强法律意识的自我约束，实现自我规范思想与行为的目标；因此，道德与法律相结合的培养方式，能够由内及外全面提高大学生的法律意识。同样地，我国要建设社会主义法治国家，也必须坚持依法治国和以德治国相结合，全面推进依法治国，并把法治精神融入规范社会行为的核心价值观，将有助于由外至内全方位打造大学生法律意识培养路径网状结构。

综上所述，当代大学生作为特殊的社会群体，他们法律意识的高低，直接关系到法治中国建设的未来，提高他们的法律意识水平不仅有利于大学生综合素质的全面提升与发展，对我国建设社会主义法治国家也具有重大的意义。由于我国大学生的法律意识目前仍存在着诸多问题，我国大学生法律意识培养体系也存在着诸多漏洞，所以我国大学生法律意识的培养工作任重而道远。但可以明确的是，大学生法律意识的培养工作应以加强大学生自主培养法律意识为核心目标，而要实现该核心目标，应以改善外部环境、充分发挥外部环境对核心目标的积极引导作用为重要支撑。本节则主要从以家庭和学校为代表的特殊外部环境以及区分为现实和虚拟两种社会外部环境各种不同作用路径出发，强调采取显性引导与隐性引导相结合的方式以及法律与道德培养相结合的方式，探索创新培养模式与优化培养路径，从而打造出全方位的大学生法律意识培养路径网状结构，以期由内至外全面提高大学生的法律意识。

第三节　大学生法律意识培养与法律教学改革

随着法制社会的不断发展，人们具有越来越高的法律意识，提高了社会整体的法律认知，然而现阶段，大学生自身具备的法律意识并不是很高，依然存在法律观念淡薄的现象。为此本节将对培养大学生法律意识和法律教学的改革进行分析，并提供相关工作策略，希望可以为相关工作者提供参考价值。

现阶段，随着教育事业的不断发展，致使大学生数量不断增加，但是在这种情况下，大学生教育也在不断地创新更新，面对非专业的法律教育依然存在一定的不足，产生这样的影响主要是由于学生自身意识不够和院校教育不足。为此，需要院方积极加大学校法律教育的力度，从教育方式和内容等多方面培养学生的法律意识，推进大学生法律教育的良好发展。

一、大学生法律认知的培养具有的重要意义

就目前而言，大学生对法律的认知不仅仅有使人欣慰的方面，还有使人担忧的部

分，多数学生对法律基本知识有所了解，都能具备一些宪法、民法等主要的相关基础知识，但是并没有更深入的对每一条法律条文进行研究，使学生掌握的法律知识只是停留在最基本的基础上，甚至只是清楚一些法律的表面意思，在实际中运用不到任何法律知识。同时，还有部分学生在遭遇突发问题时，缺少运用法律知识的能力，在受到侵害的时候，并不能够及时运用法律手段保护自己。此外，当代社会比较复杂，大学生受到侵犯的现象时有发生，这种现象说明高效法律教育缺乏相应的实用性。正是因为存在这种情况，强化大学生法律知识势在必行，对于学生而言，提高学生对法律的认知程度，能够为学生维护自身合法权益提供有效的保障；对于院校而言，强化学生的法律意识，有助于和谐校园的发展，实现校园管理法制化；对国家而言，加强学生法律认知，可以加快现代化建设的进程，为依法治国提供支持。由此可知，培养大学生法律知识，不仅是高校的责任，也是学生的职责，与国家建设、社会发展都具有一定的联系。为此需要相关工作人员重视此项工作的建设，优化高校法律教学方案。

二、高校培养学生法律教育改革的策略

（一）提高法律教育的地位

所谓提高法律教育地位指的是给予法律教育高度的重视，是法律教育改革的前提，同时也是法律教育能否取得实际效率的关键之处，现阶段，多数高校进行法律教育时，对于一些非法律专业学生选用的教材通常是“思想道德与法律基础”，在这套教材中，法律基础知识只是占据了20%的内容，由此可知，高校在对学生进行法律教育时，基本内容都是思想政治，法律内容涉及的较少，这也是导致学生法律知识不高的原因之一。虽然对学生实行思想政治教育必然重要，但是政治与法律是两种不同的学科，有的人具有较高的思想道德，但是依然会触及法律，反之，有些人并没有受到高等教育，但是确是一个遵纪守法的公民。为此法律不能够用思想道德来替代，当然二者之间是需要共同发展的。若想使高校的法律教育得到有效的改革，最主要的工作就是将法律教育剥离思想政治教育课程，实现单独的法律教育课程，选用专业的教学教材、加设法律教育课节等一系列的措施强化法律教学在大学课程中的比重，完善对法律教育的考核制度，提高大学生自主学习法律的意识，进而促使学生能够主动的运用法律知识来保护自身权益。

（二）建设具有针对性的法律教学内容

就目前而言，许多高校对非法律专业的学生进行法律教学时，存在着注重现行法

律法规、刑法、公法等相关法律，轻视法理学、民法、司法等现象。在某种程度上，这种教学内容并不全面，只是对法律层面上的掌握，实际性的内容掌握度不高，主要表现是学生只学习了一些通用的法律知识，缺乏对法律条文更深入的了解，导致学生对一些新修订的法律条文或者是被代替的条文比较陌生，更加不会应用这些变动的条文，甚至还会导致学生对条文产生错误的认知，进而严重影响学生在实际生活中的运用。为此，需要在开展法律教学的基础上构建具有针对性的教学课堂，改变传统教学理念，根据学生的专业，建设相关的法律课程以及法律内容，并在此基础上进行扩展，使学生掌握各项法律知识的同时能够应用到实际当中，促使学生可以预见未来法律的发展方向。

（三）实际法律教学的改革

针对法律教学在实际中应用进行改革主要有以下几种方式，其一，在进行教学的过程中，加大案例在教学中的使用比例，目前对于非法律专业的学生实施法律教学通常情况下采用的方式是对法律条文进行讲解。这样的教学方式不仅枯燥、乏味，还很难激发学生的学习积极性，进而直接影响学生学习法律新条文以及学习的自主性。在进行实际法律教学中，可以借鉴国外的先进的教育方式。

比如，学生在掌握了根本法律的基础上，构建出法和自身发展的一套完整的法律体系以后，此时教师就可以介绍一些典型的案例，例如，某大学生张某多次偷偷使用室友王某的电话，被王某发现，在查询话费清单之前遭受到了张某的伤害，张某携带菜刀、尼龙绳、水果刀，骗王某到寝室的楼顶，趁其不备将室友王某的头、肩部砍伤数十刀以后逃离现场。之后，有同学发现王某并且送到医院进行抢救。事后，法医鉴定，王某6级伤残。此时教师对该案例进行层层分析，运用法律知识实行分解讲解，逐步将学生带入情境中，进而使学生清楚明了法律知识的用途。在讲解以后教师还可以提供类似的案例，指导学生进行分析研究，提高学生举一反三的能力，在这个过程中，教会学生运用法律知识对日常生活中某个事件进行分析。通过这种方式来向学生传授法律知识，不仅可以提高学生对知识的掌握程度还可以提高学生实际应用法律的能力，同时也强化了学生自觉守法的意识，对培养学生的法律意识提供积极作用。

其二，在开展实际教学的工作中，应当使学生处于教学的中心位置，教师可以采用角色扮演的方式进行教学，比如，上文中的案例，在王某和张某的诉讼中，分别由学生扮演律师和法官，扮演律师的学生需要提供相应的法律依据，法官对此进行判断，结束后转换角色再次进行。在学生建设多种角色的情况下，根据不同的角色对问题进行分析，进而做出决断，在这个过程中学生需要充分运用法律相关知识来做判断。虽然学生所学的法律条文是固定的，但是实际发生事件具有一定的不确定性，为此，需要对固定的法律条文进行灵活运用。即使这些固定法律在生活中可以灵活性运用，然而在学习的过程中，是需要将固定的条文与生活实际相结合，方可使固定的法律条文能够在实际生活中得到运用。

在这个过程中，对法律应用时出现的问题进行妥善处理，加强理论知识应用到实际的能力，这也是高校教师和当代大学生面临的主要问题之一，为此，在实践教学中，可以将学生组成不同小组，分别对不同的当事人进行模拟，然后应用到各个案件当中，使学生能够将相关的法律知识应用到其中。这样一来，大学生通过角色扮演以及角色互换，促使学生了解在某种案件中都涉及哪些法律知识，并且在这种教学背景下，增加了学生的新鲜感，有利于学生在学习阶段保持充足的热情和精力。

其三，教师在进行教学期间，需要改变传统教学模式和相关秩序，采用先进的教学方式，增加学生的法制意识，同时在一定程度上还会提高教师的自身修养和法律意识以及教学水平，起到相辅相成的作用。

综上所述，对于高校法律教育改革以及学生法律知识的培养，需要院校、教师、学生等多方面的共同努力，培养大学生的法律认知有利于学生本身、社会、院校的和谐发展，优化院校的法律教学制度，改革教学模式，为培养学生的法律意识提供良好的教学方式以及丰富的教学内容，以此来推动高校法律教育的发展，同时为学生的未来发展奠定基础。

第四节　微传播与大学生法律意识培养

微传播是以微博、微信、移动客户端等新媒体为媒介的信息传播方式，其具备交流的便捷性和资源的丰富性等特点。随着传播技术的进步与发展，微传播这种双向互动的传播方式对大学生法律意识的培养产生了积极与消极两方面影响，面对其消极影响，我们可以通过构建法治教育思想微传播平台、传播法治教育思想多元化内容、建设微传播教育宣传载体、培养微传播时代法治教育改革先锋等方式消除其消极影响。

一、微传播概念界定及大学生法律意识培养的必要性分析

微传播概念界定。微传播是以微博、微信、移动客户端等新媒体为媒介的信息传播方式，其具备针对性强、受众明确、传播内容碎片化等特点。随着传播技术的进步

与发展，微传播这种双向互动的传播方式对我们的生活产生越来越深刻的影响，其对大学生法律意识培养的影响也应受到我们的重视。微传播等新媒体传播方式是当下社会生活节奏加快、网络技术快速发展和大众心理需求的必然产物，充分体现出即时性与社交化的融合，展示着网络社交的发展趋势。

大学生法律意识培养的必要性分析：

培养大学生法律意识的时代背景。在建设法治中国的时代主题下，培养当代大学生的法律意识愈来愈受到党和国家的重视。党的十八大以来，中国的法治建设逐渐成为时代的主题。在党的十九大报告中，"坚持全面依法治国"，被明确作为十四条新时代坚持和发展中国特色社会主义的基本方略之一。大学生群体作为推动社会发展的人才基础，其法律意识及法律素养的高低不仅影响大学生自身的发展，还会对中国的法治建设产生直接影响，所以培养当代大学生良好的法律意识刻不容缓。

当代大学生法律意识现状堪忧。从大家所熟知的"马加爵杀人案""药家鑫撞车杀人案""复旦大学研究生林森浩投毒案"等，到近些年来的"裸贷"等事件，都反映出当代大学生的法律意识淡薄乃至法学教育的缺失等问题。有些大学的不当教育致使部分大学生不知法、不懂法，甚至不守法。

本论文以探究在微传播时代背景下当代大学生法律意识培养的新方式为主题，通过了解微传播在大学生法律意识培养中所起的作用，调查微传播在其中的具体障碍，并在此基础上进一步探究影响因素和解决机制，从而弥补关于微传播在高等教育体制以及大学生法律意识培养方面的研究的不足。同时，希望以点带面，通过研究微传播背景下当代大学生法律意识培养的新方式来切实利用好微传播这一新平台，提升整个大学生群体乃至整个社会的法律意识，共同推进社会主义法治建设。

二、微传播对大学生法律意识培养的积极影响

（一）为学习法律知识提供了更为便捷有效的途径

在微信中，有各大高校法学院、政府普法部门等与法律相关的公众号，有最新且完整的法律条文、鲜活生动的法律案例，信息丰富充实。同时，公众号的图文消息能使法律知识更为形象，便于理解与接受。且可以通过"查看历史消息"与往期推送进行对比，了解法律的更新、调整；公众号还能够通过超链接的方式直接转到各种法律部门的官网，起到"二次宣传"以及指引的作用。例如北大法宝和超律志分别为大学生挑选法律资讯，并提供相关的搜索服务，法学专业的大学生以及非法学专业的大学生都能根据自己所需及时查找到自己所需要的内容。微传播所具有的信息传播的

开放性有力地突破了以往信息传播的局限性，使得微传播这一新媒介方式达到了点对面、面对点、面对面、以及点对点的复合型传播的效果。

同时微传播具有捕捉社会热点法律事件的即时性这一特征，大学生可以透过热点法律事件，知晓相关法律的原理。大学生可以针对某些法律新闻热点问题发布自己的评论，加强与法律专业人士的交流和互动，形成自己的思考以及见解，进而对法律的原理和内容有更为透彻的认识。

（二）有利于大学生正确运用法律维护自身合法权益

在表现形式上，微传播将多种法律信息素材组合呈现，包括可视化的图文信息，能读取的音频信息；在内容上，微传播能够进行信息整理、信息罗列和信息分类，对培养大学生全面思考问题的能力和提高大学生综合处理信息的能力起到一定作用。大学生遇到法律纠纷时，不仅缺乏专业的法律实务知识，同时也没有足够的精力以及财力去聘请律师。而微信平台上的一些提供免费法律咨询的公众号无疑为大学生们提供了一个求助的途径，成本较低，亦不受时间、空间、地点的限制，符合大学生的现实需求。大学生也可以通过众多的案例来寻找与自己相似的情形了解处理方法，从而运用法律的武器，以合理、合法的方式维护自身的权益。

（三）有利于形成良好的法律意识的培育环境

微传播的快捷性、广泛性、易得性的特点，吸引了越来越多的学生和教师的广泛使用，促使大学生法治教育方式发生了很大转变。像微博的互动、微信的公众号、朋友圈的自由表达都能使大学生对法治教育越来越感兴趣。而且这种方式拉近了教育者和受教育者之间的距离，提供了更广泛的互动交流的途径，优化了大学生法律意识培养的效果。微传播平台打破单一形式，为传播法律提供了更为多样的渠道；其传播内容丰富多样，集图片、文字、视频、音频等为一体，避免枯燥与乏味；其传播十分迅速；其全民参与的特征，充分保障了公众的话语权，利于营造全民学法的氛围。微传播的诸多特征均有利于为大学生提供一个良好的环境，利于形成浓厚的学习法律氛围。

三、微传播对大学生法律意识培养的消极影响

影响大学生的辨别能力和思维能力。微传播所传播的法律信息鱼龙混杂，其中夹杂着不全面、不严谨甚至不正确的信息。而对这些信息的判断力上，大学生呈现出理性和非理性并存的特点。一方面，大部分大学生具有质疑、辨别、求证的意识，能够区分信息的真伪，会结合法律条文形成自己的思考，不轻信传言；另一方面，一些大

学生尤其是非法学专业的大学生也容易迷失于微传播的海量法律信息以及评论中，盲目跟风，未能深入的思考，从而对大学生正确法律意识的养成产生消极影响。

缺乏实质性参与与思考。关于热点法律事件，有心之人可能会利用微传播平台，通过传播谣言骗取社会大众的同情或愤恨，试图以舆论施压进而影响司法判决结果，而这时大学生极易随波逐流，缺乏对事件本身的思考和实质性的参与，容易忽略其中的法律知识，更多的是流于形式的评论以及跟风，甚至于成为传播谣言的推波助澜者。

同时，虽然微传播以其信息多元、形式多样、内容丰富的特点以及愉悦的阅读体验备受青睐，但其也极易形成“浅阅读”的快餐式阅读方式和习惯。大学生可能会花费大量的时间在微传播的法律信息上，但阅读质量却不一定能够得到保证。“快餐式”阅读模式可能会导致大学生缺少了追本溯源的深层次思考能力和判断力，进而导致大学生信息混沌和思维断层，而这些都不利于大学生对相关法律问题的深入认识，不利于大学生法律意识的培养。

信息呈现碎片化，缺乏系统性。微传播具有碎片化的特征，例如一个热点事件凝聚于一条或者几条推送中，大学生可以在短时间内了解事件，但是，公众号的创建主体考虑到受众的阅读体验以及公众号的运营效果，字数、篇幅会有一些限制，往往不能对法律事件的全貌进行一个完整严谨的阐述，对于相关法律的解读也不甚到位，甚至于缺乏理性，只是情绪的抒发与渲染。大学生通过微传播所获得的信息不够系统与全面，有时所看到的是法律事件的片段而非全貌。加之推送频率不稳定性的影响，大学生的阅读黏性也会降低，对法律知识的学习与吸收不易系统化，不利于大学生养成健全的法律意识。

微传播对主流法治教育产生冲击。微传播的盛行对高校大学生主流法治教育带来了冲击，换句话说就是高校法治教育内容和方法的主体地位被其他形式媒体的内容相对弱化了，造成大学生的思想意识行为方式和价值观念也随之变化。大学生一般都会根据自己的学习需要查找资料，已经不再仅仅认识到教师提供的信息就是权威，大学生大多数通过网络浏览信息充实知识储备量、扩大知识面，势必加深了教育主体和客体的信息鸿沟，使教育难度加大。在社会环境信息化的背景下，微传播作为一种信息传播工具更新，引发了大学法治教育革新。在微传播时代背景下，有规律的利用微传播的优势为法治教育服务，是法治教育所面临的重要任务，如何利用微传播提高教学水平，这对大学生法治教育工作者来说也是一个严峻的挑战。

四、消除微传播消极影响的对策建议

提高大学生媒介素养。大学生要具备现代互联网思维，养成获取新媒体知识、发展动向的习惯，善于利用各种新式传播模式与手段，积极学习微信小程序、微博热门话题等平台上的相关法律知识，提高学习效率。针对微博、微信、QQ 等微传播媒体，大学生应掌握各自的优势与技巧，能够进行灵活使用，使微传播充分发挥其作用。大学生有必要提高辨别能力和思维能力，真正做到实质性参与与思考，同时，要树立全局意识，对相关法律知识进行全面系统的了解，进而培养健全良好的法律意识。

传播法治教育思想多元化内容，建设微传播教育宣传载体。法治教育传播者应致力于打造与推广形式多元、内容丰富、思想深刻的符合时代主题的新内容，尤其是具有正能量、趣味性较高、承载日常法律知识的信息，以持续吸引大学生的关注与浏览，提高法治教育思想传播的效率、提升法治教育思想传播内容的质量与效益。而且，传播者要关注大学生的生活、学习状况，针对大学生可能面临的法律问题提供法律咨询与法律援助，选取覆盖与大学生息息相关的各类法律常识与法律问题开展法治教育对口研究与对口帮扶，同时，法治教育微传播的内容要具有实际性，不仅要符合大学生的审美需求，也要帮助大学生解决现实问题。例如针对一些大学生自主择业或者自主创业，传播者应根据实际需要提供大学生在毕业就业所面临的法律问题：签订劳动合同时的法律风险规避、自主创业时的法律盲区等等，法治教育微传播主体应通过案例分析、知识传授等方式为大学生提供法律援助。

传播者有必要利用时事热点，提升法治教育内容的时代性与时效性，增强对大学生的吸引力。同时，在法治教育内容中加入一些辅助性内容，借助视频、图片、音乐等形式推动传播。例如政府部门的官方微博，在发布相关信息时可以减少官方语言的使用，使用网络化、生活化的语言，让法治教育内容更贴近大学生的日常生活。

构建法治教育思想微传播平台，打造新时代教育沟通桥梁。在信息时代，相关法律司法部门、教育部门、媒体部门以及法律信息传播个人应该持续改善现有传播方法与载体，满足大学生潜在的不断变化的法治信息获得需求。微传播传播速度快、影响范围广的优势，使受众在第一时间接收信息，满足了对时效性的需求。随着时代的发展，很多传统的传播方式与思想过于陈旧，难以引起新时代大学生的学习兴趣。传播者应利用网络平台的双向性与互动性，使用微信等微传播方式与大学生进行一对一的交流，并通过不断尝试，推动微传播新模式的衍生。

微时代背景下，大学生应正确利用微传播媒介，学法懂法守法用法，而法治教育者亦可以利用微传播创新法治教育方式，使微传播在大学生法律意识培养方面发挥更大的作用。

第五节 依法治校下的大学生法律意识培养

依法治校作为贯彻和落实党的十八届四中全会提出的依法治国战略，也是深入推进教育法治建设的重点。因此，准确把握大学生法律意识和依法治校内涵，是加强依法治校的前提，也是关键。以陕西某职业技术学院作为研究对象，分别从法律认知、法律意志和法律信仰等方面进行实证调查。通过调查发现，该校大学生存在法律意识淡薄、缺乏信仰、法律知识缺乏等问题，同时，针对该校法律意识培养存在的问题，拓宽相关的培养途径，以期为依法治国战略的实现奠定坚实的基础。

在党的十八届四中全会上，习近平总书记明确提出依法治国的战略，从而为依法治校在高校的实施奠定了理论基础。同时，大学生作为依法治国理念的主要执行群体，提高大学生的法律意识，对依法治国战略的落实具有极其重要的作用。虽然，近些年很多高校将大学生法律意识作为思想政治教育的一个重要方面进行培养，并取得了很大的成绩，如大学生法律维权意识普遍提升，但还是存在不足和缺陷。因此，本节选取某职业院校作为实际的调查案例，就其在法律意识培养方面存在的问题进行深入的调查研究，并提出对策和解决路径，从而提升学生法律意识。

一、依法治校和法律意识内涵

第一，依法治校内涵。依法治校作为一种办学的理念，通常按照主体的不同，分为不同的层次：从宏观层次来讲，是政府或教育部门为进一步地规范学校的行为而采取的依法治理方法；而从微观角度来讲，是学校为推进自身的建设和发展，而对内部事务采取的依法管理。在依法治校中，关键的问题在于“治”，即如何通过“治”来实现学校的良好管理，而这个“治”的根据必须是依托“法”。因此，我们可以将依法治校看成是在高校党委的统一领导下，在广大师生员工的配合下，以宪法、教育法等作为依据，对学校进行管理，而这个管理体现出两个典型的特征：

其一，体现出浓厚的“民主”氛围。法治通常和民主相伴，因此，我们可以将依法治校看成是民主治校，其主体就是广大的师生员工。换句话说，依法治校就是通过民主的方式对学校进行管理，从而调动全校师生员工的积极性和创造性。

其二，充分体现“法治”精神。对高校法治精神来讲，其主要的表现体现在以教师为本，充分尊重广大教职员工的主人翁意识。同时，在学校管理中严格按照相关的规定和制度，维护师生员工的合法权益。

第二，法律意识内涵。对法律意识的定义中，刘旺洪认为，法律意识就是一种社会意识体系，是人们对社会法的理性、意志、信念等各种心理要素综合结果的反映。而大学生法律意识通常是针对大学生这个特殊的公民群体，其对于法的现象主观把握和反映方式。通常认为，法律意识内容包含四个方面：法律认知、法律信仰、法律情感和法律意志。其中，法律认知是大学生群体对法律基础知识和现行法规的了解与掌握，通常将法律认知的多少作为衡量法律意识水平的一个重要的指标；法律情感通常是大学生对现行法律的一种情感方面的体验，这部分通常被认为是主张群体的一种内在的驱动因素；法律意志则是维护法律尊严和不惧强权的一种心理表现；法律信仰是人们公平正义的一种追求，通常被看成是之前三个因素的一种深入表现。

结合上述的内涵分析，笔者认为，通过认知、情感、信仰和意志等内容构成了一个有机的统一整体，并形成了社会公民最为基本的法律意识结构，而这也被人们认为是当代大学生法治教育的核心部分。

二、大学生法律意识培养现状调查

采用问卷调查法、实地考查法等方法，同时结合法律意识的主要内容，对陕西某职业技术学院 400 名学生的法律意识培养进行调查，从而把握在依法治校背景下的大学生法律意识培养现状以及存在的问题。通过调查可以得到以下的问题：

第一，法律知识薄弱。通过调查发现，目前该校职业院校学生的整体法律知识水平中，9% 的学生认为法律认知水平较高；48% 的学生认为法律认知水平一般；43% 的学生认为自己的法律知识还比较薄弱。而在对现行的基本法律的了解方面，23% 的学生认为自己比较熟悉当前的法律法规，而 54% 的学生认为只了解一部分；接近 23% 的学生认为对现行的法律法规还不了解。而为了更进一步地了解学生对法律认知的程度，分别以宪法、根本政治制度等作为调查，可以得到认为《宪法》的是由中央政府制定的比例占到 12%，而根本政治制度为人民代表大会制度的比例仅仅占到 62%。由此可以看出，学生对我国基本的法律常识的认识还是比较薄弱。

第二，法治精神的认可度不高。在对“你觉得法律面前人人平等吗”这个问题的调查中，认为人人平等的比例为 46%，而认为相对平等的比例占整体比例的 26%，不平等的比例占到 28%。由此可以看出，很多学生对法律主张缺乏归属感。

第三，法律意志相对不强。为更好地了解大学生的法律意志，选择“你深夜经过市区马路斑马线时”这个问题进行回答，选择会遵守的比例为 46%，而选择不断红绿灯的学生占到 22%，根据情况来看的为 33%。由此通过这个数据可以看出，大学生在遵纪守法的过程中，大部分都可以辨别是非，但实际中还是缺乏自觉守法的意识。

第四，缺乏信仰。信仰是大学生对法律的一种更深层次的认识。对此选择“法律是否能真正维护自身的切身利益”问题进行提问，接近52%的同学认为目前的法律不能维护社会的公正性，由此可以说明很多学生认为法律缺乏公信力；同时在对“权大还是法大”问题进行调查中，接近50%的学生认为是法大于权，而接近20%的学生认为是权大于法，其余的无法判断。由此看出，当前很多大学生受司法腐败和社会不良风气影响，对法的认识方面存在一定的扭曲，而这给社会主义法治建设带来极大的挑战。

三、依法治校下提高大学生法律意识的途径

针对上述存在的问题，笔者认为还是要牢牢结合依法治校的内涵，从以下几个方面入手：

第一，充分发挥课堂是培养法律意识的基础。法律认知作为法律意识培养的基础，扎实的法律认知基础对培养学生的法律意识具有极其重要的作用。因此，在依法治校背景下，在“以人为本”理念下，高校要充分发挥教师是主导，学生是主体，以学生作为法律教育的中心，通过科学的课程设计来提升学生主动学习法律的主动性；其次，作为对“民主”的认识，教师必须要充分结合学生的需求，改变过去灌输的教学模式，而引入更多丰富的教学方法，培养学生的创新创造能力，同时引导学生理性地看待司法腐败问题。

第二，营造良好的校园法治环境。在加强对课堂的利用的基础上，积极地在校园中加强法律知识的宣传，从而为学生营造学法、懂法、用法的氛围。同时以依法治校作为准绳，制定相关的制度，以此规范学生的行为，让学生养成良好的生活习惯和思维方式。对学生中存在的不良行为，要学会平衡权利和义务，同时在受到侵害的时候，要鼓励学生进行申诉，拿起武器维护自己的权利，同时提供力所能及的帮助。

第三，以学生发展为主，加强学生心理方教育。针对调查中存在的法律意志和法律感情淡薄的问题，学校要高度重视，并加强学生在心理健康方面的引导。通过帮助爱大学生树立正确的人生观念，让学生正确地看待事物发展中出现的问题，从而尊重事物发展的客观规律。同时加强意志教育，帮助大学生正确地认识目前存在的问题和挫折，培养学生抗挫折能力。另外，加强对学生正义感的培养，以成为合格的社会公民。

第四，加强法律意识培养的实践。对高校的大学生来讲，单纯地从思想道德修养与法律基础这门课程中学到的大部分是理论。而对于大学生法律意识的培养不能完全依靠理论，还需要紧密联系生活，将其应用到实践之中，从而将其转换为一种法律能力。这是实践教育隐性功能，可通过实践促使学生从“知法、守法”转变为“用法”

的法律能力，并勇于维护法律自身和他人的权益。因此，高校可以建立模拟法庭的方式，让学生参与到模拟法庭之中，从而接触到更多不同类型的案件。同时，通过对案件进行分析、判断，从而了解法律知识的实际应用。另外，充分利用校外资源，与法院、检察院合作，建设校外法治教育实践活动基地，让学生了解法律诉讼程序，并可通过法院旁听、参与法律援助实践等过程提高他们的法律能力。

除拓展校外实践平台以外，还应该充分发挥校内实践的作用，如建立法律社团。对大学生来讲，社团是学生参加活动的一个重要载体，也是满足学生个性化需求的重要方式。因此，通过成立法学会的方式，吸引学生参与到法律的学习和讨论中，并通过开展多种形式的法律活动，激发学生学法的兴趣，而这也是依法治校下以学生为本的管理要求。同时，在寒暑假中，组织开展“送法下乡”的实践活动，让志愿者做好普法宣传员，并提供基本的法律援助服务，帮助大学生更好地学法、懂法和用法，坚定法治理想信念，弘扬现代法治精神。

总之，依法治校不是口号，也不是一种形式，而是着眼于依法治国理念和大学生全面发展的需求。而对于广大的高校来讲，只有从法律认知、情感、意志和信仰角度，并将这些方面映射到高校课堂和管理中，才能更好地进行培养，而通过本节的研究也可以得出，高职院校在大学生法律意识培养方面还有很长的路要走，需要进行深入的研究。

第六节　“协同创新”理念下大学生法律意识培养

为了促进高校培养大学生法律意识工作的有效开展，分析了当前该项工作的现状及存在的问题，认为培养主体单一、时间投入不足、方法简单、效果不佳是制约工作进展的障碍，提出了“协同创新”理念对高校培养大学生法律意识工作具有指导意义，总结了其他专业秉承该理念进行改革所取得的经验，探讨了高校在“协同创新”理念引导下培养大学生法律意识的实现路径。

在法治社会的大背景下，高校在培养大学生专业能力的同时，也应当注重大学生法律意识的养成，大学生法律意识的高低不仅关系到其个人素质，更关系到整个民族文明程度的高低和社会秩序的稳定。“协同创新”是我国近年提出的指导高校科研模式改革及人才培养模式改革的新理念，其蕴含的“协同”精神也可为高校培养大学生法律意识的工作提供有益的启示，高校应当在该理念的引导下开阔视野，从整合校内外优势资源入手，创新培养方法，努力做好该项工作。

一、“协同创新”理念的提出

2011年4月，胡锦涛总书记在清华大学建校100周年大会讲话中首次提出了“协同创新”理念，旨在鼓励高等教育与科技、经济、文化的有机结合，大力提升高等学校的创新能力。其中“协同”是指不同主体之间进行配合与合作，共同为目标的实现付出努力，争取通过合作实现比各自为战更为有效的效果；而“创新”即更新、改变之意，“协同创新”强调的是相关各方以共同的使命为前提，通过各自分工与互相配合共同完成创新任务，该理念有着极其广阔的适用空间，对当今高校的科研模式改革及人才培养模式改革都有着巨大的启发意义。

在高校培养大学生法律意识这个具体问题上，“协同创新”理念至少可为该项工作提供以下几点启示：培养大学生法律意识的工作可由多方协同完成，如果仅局限于高校的某一个部门或某一类人员会导致该项工作停滞不前；培养的方法也应当是多样化的，传统的依赖理论教学的方法将培养工作过于简单化了，高校应当积极探索培养方法的创新；为了形成有效的“协同机制”，协同培养的各方应当有共同的理念并保持沟通与协调，即必须保证协同培养机制能够有效运行。

二、大学生法律意识培养现状及存在的问题

（一）大学生法律意识培养现状

当前高校培养大学生法律意识的工作主要是通过理论教学的方式进行的，各高校可能开设的涉及法律内容的课程大约包括以下四个层次：①通识基础课，即“思想道德修养与法律基础”课程；②学科基础课，有的专业为了完善学生的知识结构开设了一些和本专业有密切联系的课程作为基础课程，比如中国矿业大学会计专业、人力资源专业开设了“经济法”作为其学科基础课；③公共选修课，各高校一般都开设法律类的公共选修课，如“刑法”“民法”等，学生可根据自己的兴趣选择学习；(4)辅修课，有的高校还开设了法律专业的辅修课，对法律感兴趣的学生可以在1~2年的时间内学习若干门法学课程，获得相对系统的法律知识，这种学习方式耗时比较长，是针对大学期间学有精力的学生开设的。从上述介绍中可以看出，虽然高校可能开设的涉及法律内容的课程包括以上四个层次，但仔细分析也可以发现其中只有“思想道德修养与法律基础”是必修课，也就是说只有该门课程中讲授的法律知识才是每一个大学生都必须接受的法律教育，而其他作为学科基础课、公选课和辅修课的法律课程，学校是否开设以及学生是否选修都是不确定的，同时由于本节所指的大学生是集合概念，是指对所有大学生法律意识的培养，从这个角度来说，当前我国高

校对大学生法律意识的培养主要通过“思想道德修养与法律基础”课程进行的。

（二）大学生法律意识培养中存在的问题

培养主体单一大学生法律意识的培养是一个系统的工程，需要从多个方面入手，既要教给学生基本的法律理论知识，也要创造条件让学生能够有机会接触法律，通过实践验证所学法律知识，从而感受到法律的力量并逐步培养出一定的法律意识，也就是说培养的过程不是一蹴而就的，而是一个渐进的过程。高校教师由于工作性质和精力的原因，不可能主导全部的培养过程，胜任所有的工作，这就需要调动其他培养力量参与进来，共同努力。

培养时间不足学生在大学阶段之前并没有机会专门学习法律课程，只是在初、高中的政治课里涉及零星的法律知识，同时大学阶段“思想道德修养与法律基础”课中用来讲授法律知识的课时量也是非常有限的。如部分学校将该门课程的总课时数定为 48 节，其中用于法律部分的课时数为 16 节；还有的高校将该门课程的总课时数定为 36 节，那么该校用于法律部分教学的课时数应不会多于 16 节，仅凭这有限的课时数想培养出大学生良好的法律意识是不可能的。或许有观点认为当下的媒体比较发达，各种媒体中也有许多法制新闻和法制节目，学生课下通过这些法制节目和新闻节目同样也可以达到自我教育，增强法律意识的目的，这种观点有一定道理，但在教育的针对性上，这些方式和高校有意识、有计划安排的法律教育相比是不可同日而语的，不可用这些方式代替高校对学生进行的法律教育。

培养方法简单由于传统的培养主要依靠课堂理论教学的方式，所以教师一般以教材规定的内容为既定框架，讲授一些简单的法律常识，这种培养方法过于简单，容易引发审美疲劳，不能满足大学生的需求。在教学实践中，“思想道德修养与法律基础”被不少学生视为“说教课”，主观上就有一定的排斥心理，教师应认真思考如何打破沉闷的教学模式，注重教与学的互动，调动学生参与的积极性；校方也应在理论教学之外采取多种学生喜闻乐见的形式为他们提供接受法律教育的机会与资源，使学生能够逐渐加深对法律的理解。

培养效果有待提高随着我国法制建设的全面展开和“依法治国”被写入宪法，法律在社会生活中越来越受到重视，我国国民包括大学生的法律意识都比以前有了提高，这是不争的事实，比如“用法律的武器保护自身合法权益”的口号是人人耳熟能详的，但大多数人对于具体该怎么运用法律来保护自己的权益却是不清楚的。从媒体报道的多起涉及大学生的案件来看，要么大学生一念之差，实施了杀人、抢劫、投毒等犯罪行为，要么大学生缺乏自我保护意识成为刑事案件或社会治安案件的受害人，这些问题反映出虽然大学生的法律觉悟有所提高，但法律知识不健全，权利意识有所增强，但法律能力明显不足。高校作为大学生法律意识的培养主体，应当将学生培养成为了解我国法律基本框架、理解法律基本精神、懂得一些法律常识，能够自觉以法律为准绳来处理与他人、与社会的关系的人，当前的培养工作离这个目标仍有一定距离的。

三、法学专业“协同创新”改革经验的借鉴

他山之石，可以攻玉，近年在“协同创新”理念的指导下不少高校都进行了人才培养模式的改革，“卓越法律人才教育培养计划”就是其中的一项改革，其总体目标是培养造就一批信念执着、品德优良、知识丰富、本领过硬的高素质法律人才，该项改革始于 2012 年，已在一些高校积极推进，以上经验对于培养大学生法律意识的工作有一定的借鉴意义。

（一）整合多方资源

我国法学教育长期存在着注重理论知识的传授而忽视实践能力培养的问题，造成了学生理论与实践脱节的弊端，而导致这一现象的主要原因就是高校的现有考核制度使得教师更为注重课堂教学和个人的科学研究，没有精力投入对学生实践能力的培养。而在这一轮的改革中，不少高校根据“协同创新”理念的指引向校外寻求合作力量，加强了和校外相关司法实务部门的联合，希望借助于实务部门的力量弥补高校培养力量的不足。中国政法大学实行了由检察官、法官、律师等实务专家主讲、由专职教师理论补充的“双教师制”、开设了由实务专家讲授的以研讨和案例分析为主要教学模式的实务技能课、让学生代理真实案件的法律诊所课程等。该校的改革思路是将校外实务部门的优势资源吸收到高校的课堂上，这不但可以弥补高校教师在实践能力上的不足，而且可以为完善学生的知识结构奠定基础，极具借鉴价值。

（二）创新培养方法

一些高校在改革中，如华东政法大学将学生安排到实务部门担任为期四个月的法官助理、检察官助理、律师助理、仲裁庭书记员等工作，锻炼了学生的实践能力，创新了人才培养模式，中国矿业大学则安排保研的学生在完成全部课程学习之后到当地基层法院担任法官助理，同时完成毕业论文的撰写工作，这个时间可达半年之久。以上高校的做法有一个共同特点，即突破了传统的课堂学习的模式，将学生安排到实务第一线，学生通过亲自实践必然会有从课本上无法得到的收获。这些改革打破了传统仅依靠课堂教学的思维模式，依据专业、学科及课程的特点探索人才培养的

新方法。

（三）丰富考核方式

高校文科类课程通常采取闭卷或开卷的方式考核，有些课程还会采取课后作业的方式进行考核，在改革的大背景下，一些高校也对传统的考试方式进行着变革，比如沈阳师范大学针对实训课程采取了模拟审判的方式进行考核。对有些课程采取口试方式，实行无纸化考试，由每三位教师分为一组，在学生口头回答问题后由教师现场打分，以培养学生的口头表达能力和随机应变能力。其实考试的目的在于促进学生的学习，是课堂学习的延续，也是又一次的学习机会，基于对考试这样的认识，考试也不应拘泥于某一种形式，只要能够贴合课程的特点并能促进学生的学习就是有价值的。

四、“协同创新”理念对大学生法律意识培养路径的指引

大学阶段是学生三观成型的重要时期，也是高校对学生集中进行法制教育的“最后一道防线”，高校应在“协同创新”理念的引领下，联合校内外优势资源，积极促进该项工作的健康发展。

（一）优化教学内容、改革考核方法，提高学生理论修养

“思想道德修养与法律基础”课程关于法律部分的课时数偏少，其讲授的法律知识量也是偏少的，学生只能从中获取简单和粗线条的法律知识，因此建议高校将更多的法律内容纳入到培养体系中来，因为只有具备了基本的理论知识，才能为大学生法律意识的养成奠定基础。具体来说可将增加的这部分内容安排到公共选修课中，高校一般会规定选修公选课的最低学分要求，比如中国矿业大学规定公选课必须修满10个学分才符合毕业的要求，学校可规定学生选修法律类公选课的学分必须达到1分，而1学分通常代表的是32个课时数，如此一来学生便多了32课时左右的学习法律的时间，这样的设计一方面可使学生在“思想道德修养与法律基础”课程之外，有机会相对系统和深入地学习某一门法律知识，从整体上把握法律的原则和精神；另一方面这样的安排也给了学生一定的自由度，因为高校开设的法律公选课的类型一般是比较多的，学生可在其中选择自己感兴趣的课程，建立在兴趣驱动下的学习通常会有相对较好的学习效果。

要特别提醒注意的是课堂教学方法的优化问题，兴趣和实用是大学生决定是否在某一门非专业课程上投入精力的标准所在，所以如果采取“满堂灌”的方式，可能会抹杀学生的兴趣和积极性，学生一旦没有了积极性，再多的课时也是无意义的。从

长期的教学实践来看，如果教师能在授课中注重理论和社会热点问题的结合讲解，学生会认为这样的课程是实用的；另外教师在授课中还要注重“视频案例讨论”和“课堂小型辩论”方法的应用，这是调动学生兴趣的两大法宝，还有近几年流行的“微课”也是很好的方法，就特定的教学内容选用恰当的微课资料也能够引起学生的兴趣，教师应注意多收集这方面的资源。至于考核方法，建议采取灵活化的方式，除传统的考试方式之外，口试、小组辩论都可以作为考核的方法，另外让学生梳理当前社会热点中的法律问题，表达对热点问题的看法也可以成为考试的方式，考试是无定式的，只要能够促进学生的学习就是有价值的。

（二）开辟第二课堂，深化学生对法律的理解与认识

培养大学生的法律意识是一项系统工程，课堂授课只能为他们奠定一定的法律理论基础，让他们了解一些法律常识，至于学生是否真正理解了法律的精神、有没有培养出一些法律意识则是无法确定的，因此高校还应当开辟第二课堂，采用寓教于活动的方式，比如不定期举办社会热点法律问题讲座、为学生提供机会观看庭审或庭审录像、举办法律辩论赛和法律知识竞赛等活动，为学生提供一些应用所学法律知识分析问题、解决问题的机会，让学生在这些活动中逐步加深对法律的理解并最终形成良好的法律意识，这是在理论学习之外培养大学生法律意识的另一个关键环节，高校应给予充分的重视。

（三）协调校内外优质资源，形成培养合力

仅凭“思想道德修养与法律基础”任课教师的力量难以独自完成培养大学生法律意识的工作，高校应当调动校内外优质资源的加入。①高校应当充分发挥校内资源的作用，实行“一课双师”制。“思想道德修养与法律基础”的授课一般由马克思主义学院的教师完成，但实际上课程中的思想道德修养和法律基础分别是两个不同学科的教学内容，因此建议将该门课程由两课教师和法学教师联合授课，实行“双师制”，发挥教师们各自的特长达到最优授课效果。②高校应吸收校外司法实务部门力量的加入，实行联合培养制。校外司法行政实务部门，如法院、检察院、律师事务所和公安部门，这些部门有着大量来源于生活的真实案例和有丰富经验的工作人员，如果能够选取其中和大学生生活贴近的案例，由司法实务部门的工作人员对大学生进行法律教育是非常有意义的。高校应当重视校外资源的利用，具体可以采取“请进来”和“走出去”的方式，“请进来”是指邀请实务部门的专家走进校园，采取讲座、现场开庭、现场解答法律咨询等方式为大学生送法上门；“走出去”是指校方提供让学生走

出校门到司法部门参与司法实践的机会，使学生能够亲自感受法制的魅力，这些活动既是校内理论学习的补充，也是加深对法律理解的重要途径，实践中学生非常欢迎这种理论联系实践的做法。

（四）完善“协同创新”运行机制，保证培养工作有序开展

培养大学生的法律意识是一个长期的过程，需要相关各方协同努力。为了保证该项工作持续、有序开展，应当建立一个完善的“协同创新”运行机制，具体包括以下三个要素。①管理部门。承担组织相关人员进行培养目标的制定、校外专家的发展、培养过程中暴露问题的协调与处理等工作，由于实践中对大学生法律意识的培养主要包括理论知识的传授和各种实践活动的开展两部分，因此建议由高校的教务管理部门和学生工作部门共同负责该项管理工作。②培养计划。这是实现目标的关键一环，管理部门应牵头组织校内外培养力量共同讨论具体的培养计划，确定诸如培养的具体目标、实现目标的具体方法、校外专家协助高校开展的活动的形式等。③监督与反馈机制。培养大学生法律意识的工作应当接受各方的评判与监督，管理部门应通过召开座谈会等方式，了解教师、学生及相关部门对培养工作的看法及建议，做好意见的梳理及反馈工作，协同各方认真分析问题并做好后续改进工作。

第七节 激励机制视角下的大学生法律意识培养

本节通过分析大学生法律意识培养工作中运用激励机制的必要性以及遵循的原则，重点从激励方法的角度探究大学生法律意识培养的有效路径，提高大学生法律意识培养的自主性和积极性。

随着依法治国建设的发展，构建法治校园也被提上议程，如何培养、提高大学生法律意识也受到更多的关注。然而，学生参与热情不高、取得效果不明显，培养工作发展滞缓，究其原因，是缺乏内部动力的助推 -- 激励机制的缺失。只有激励机制完善了，激励手段完备了，才能充分调动学生自主培养的积极性，内因外因相结合保证培养工作取得进展。

一、激励机制在法律意识培养中的运用意义

激励是心理学的概念，表示某种行为动机所产生的原因和动力，即激发人的行为动机的过程。激励机制是在组织系统中，激励主体系统运用多种激励手段并使之规范化和相对固定化，而与激励客体相互作用、相互制约的结构、方式、关系及演变规律的总和。将激励机制运用于大学生法律意识培养工作，主要指如何采用有效的激

励方法和手段，调动广大学生培养法律意识的积极性、主动性和创造性，而具体实施必须符合新时期大学生心理和行为特点，符合身心发展需要。激励机制的引入、建立和健全，对于发挥思想政治工作的优势，全面提高大学生法律素质，实施依法治国战略，有着十分重要的作用。激励对于学生的鞭策促进作用是全方位的。一是激励可以调动学生的学习积极性。心理学研究发现，不进行激励的人其工作能力只发挥20%～30%，而经过激励后其工作能力会发挥到80%～90%，将激励机制运用到培养工作，能够极大地提高大学生学习的主动性。二是激励有助于学生正确的理想信念、思想观念的形成。对学生实施激励行为，重要的是通过这些行为，引导学生树立以事实为准绳，法律为依据的法治理念，培养其科学的法律观念。三是在大学生法制教育中运用激励机制可以增强培养学生法律意识的工作时效性和针对性，从而大幅度地提升学生的法律意识，提高其法律素质。

二、激励机制在大学生法律意识培养过程中的运用原则

（一）坚持物质奖励与精神鼓励并重，提高学生法律意识培养的主动性

人的需求是分层次的，既有生理需求，又有心理需求，既有物质需求，也有精神需求。对学生的激励不仅要满足学生心理和精神上的需求，还要满足学生物质上的需求。因此，对大学生的激励要采用物质激励与精神激励相结合的形式。在学校里，多开展法律知识有奖竞赛、有奖普法征文等类似活动，对优秀者予以物质奖励和精神嘉奖，在调动学生参与积极性的同时，或多或少的增加了学生的法律知识的积累。

（二）坚持因人而激与因事而励统一，调动大学生法律意识培养的积极性

在进行激励时，需考虑到工作对象的实际情况，因人而异。每个大学生都是独立个体，成长环境的不同，塑造的人物性格、追求的目标也就不同。有的是忽略了法律的重要性，只要营造出良好法治氛围，树立司法权威，引导学生主动地学法、懂法、守法、用法即可促使其树立起崇高的法律信仰；有的是对于法律知识和程序的不了解，存在认识偏差。为此应多开展法律知识讲座、扩大普法活动范围，讲述法律维权的必要性和合理性，为学生答疑解惑，增加法律知识积累，调动学生积极性。因而，对不同的学生，唯有区别情况，具体分析，有针对性地激励，才能收到预期效果。

（三）坚持正激励与负激励结合，增强大学生法律意识培养的自发性

采用激励机制提高大学生法律意识，通常想到的是通过鼓励的方式，但是激励不光包括鼓励还包括负激励，例如惩罚，从另一方面鞭策大学生主动参与到法律培养

工作中来，与正激励相结合，从不同角度出发，到达提高大学生法律意识的目的。一方面，学校在课程设置中可以将法律基础课程作为必修课程，重申法律基础课程的重要地位，以提高学生重视度，对于课程不合格者予以严肃地处理，甚至直接影响今后的评优评奖资格；另一方面，重新规划综合测评的内容。综合素质测评的内容一般包括德育测评、智育测评、体育测评和能力测评四个方面。现在可以将法律素质作为综合素质考察的一个方面，要求学生定期参加学校组织的社会法律实践活动，让学生真正做到知行合一，德智体美劳全面发展。

三、激励机制在法律意识培养中的运用缺失

（一）激励主体重视不够

一般看来，大学生法律意识的培养主体主要有学校、家庭、社会和大学生自身。学校是大学生学习知识、提升综合素质的重要阵地，应将激励理论有效运用于大学生法律意识培养工作中。然而，很多学校都存在重视专业课，忽视法律基础课；师资队伍不够专业，由非专业老师兼任；缺乏实践课程，造成学生知行脱节等问题。在这种传统教育理念指导下，有些学校根本没将通过激励机制提升大学生法律意识纳入学校的发展大计之中，一些制度规章的设定也是精神导向性多、可操作性不强，加之经费投入不足，极大地阻碍了培养工作发展。家庭作为学生生活的场所，发挥着不容忽视的作用，父母自身法律意识淡薄，忽视法律作用，不但没有以身作则，反而弱化了子女的法律意识。浓厚的法治氛围势必能够影响大学生的行为，引导大学生做一个合格的好公民。但是，社会法治宣传的不到位、违法现象的屡有发生、司法腐败层出，严重破坏了司法权威，未能营造出良好法治氛围，加上大学时代正是学校和社会交接的时期，大学生因其年龄、学识、技术水平和心智发育特点，对法律知识掌握不多，法律概念认识不清，缺乏正确的法律信仰，很难找一个自我激励的动力。综上，不难看出各方位的有所缺失导致了激励乏力。

（二）激励方式单调乏味

激励机制形式多样，方法繁多。其方法主要包括目标激励法、氛围激励法、强化激励法、榜样激励法等等。在学校对于学生的法制教育中，主要采用目标激励法和强化激励法，在形式上主要是精神嘉奖，物质奖励相对缺乏。然而，这违背了学生发展的需要，在现在这个经济时代，学生们不光需要精神上的鼓励也需要物质上的激励。因此，学校有必要提供优越的学习环境，适时、适度地给予一定的物质奖励，例如，奖学金奖励和对外交流的机会，以便让他们体会到努力、勤奋终能得到回报，从一定程度上激励学生自主培养，达到增强法律意识的培养效果。

（三）强化激励偏颇失衡

正强化激励是对激励对象的肯定、赞扬和奖赏等具有正面意义的激励艺术。在激励策略中，与之相对的负强化激励则是对激励对象的否定、批评和惩罚。在大学生法律意识培养过程中，相对重视正激励，忽视负激励。对于一些人来说奖励可以满足他们的需要，促使自觉守法从而培养正确的法律意识，而惩罚针对一些特殊的学生能够消除不良行为，帮助其改正错误，从另一个侧面起到激励作用。与奖励相比，惩罚更需要注重表达方式，既要达到通过惩罚的方式敦促大学生培养正确法律意识，又要做到不伤害学生的自尊心。在大学生法律意识培养过程中，应该适度平衡，运用正强化和负强化相结合的激励方式，多角度提升大学生法律意识。

四、激励机制在法律意识培养中的运用路径

（一）目标激励法

目标激励即设置适当目标，激发人的动机，以调动人的积极性。大学生在步入校园生活时一定怀揣着各种梦想，渴望成长与进步，为了实现梦想，需要一步步完成各阶段的目标。而学校刚好可以利用这一点抓好大学生法律意识培养工作，在适当的时候给予引导，帮助其设定或者实现目标，使学生的个人目标与学校的整体目标相统一，同时注意遵循科学性和针对性。遵循科学性就是做到设定目标具体，有明确的计划、步骤便于施行，目标实现的困难性适度，目标过高使人畏惧，目标过低使人自满，唯有找到适当的设定点方能达到最佳激励效果。心理学研究表明，每个人的学习都有一个“最佳区域”，目标任务的实现太容易或过于困难，都不利于激发学生的积极性。这就要运用“跳起来能摘到桃子”的原理，一是有桃子可摘；二是可以摘到桃子；三是要想摘到桃子，必须得跳起来。〔3〕这也就是目标激励的根本所在。遵循针对性就是在设定目标时区分对象，因人而异，每个大学生的学习的方式以及心理需求都有所不同。那么，在使用目标激励法提升大学生法律意识时，针对不同年级的学生应采用不同教育方式。例如，大一学生刚踏入大学生活，对一切都充满好奇，可以吸引他们进入法律协会，更多地了解法律的基本内容和作用；大二学生已经融入了大学生活，可以引导他们积极参加各种普法活动，通过举办法律宣传活动、观看审判纪录片等方式注重他们知法懂法能力的培养；针对大三学生应该培养他们运用法律的能力，对于日常生活中经常要触及的法律事务，例如劳动纠纷、财产纠纷、侵权纠纷等能够正确辨别其隶属于哪类部门法，以便通过查阅法条解决简单纠纷；针对大四学生，多开展一些与就业相关的法律讲座，让其了解劳动法、劳动合同法，明确自己的权利和义务，做好就业前的各项准备工作。

（二）榜样激励法

榜样激励法是指选择在实现目标中做法先进、成绩突出的个人或集体，加以肯定和表扬，要求大家学习与效仿，从而激发成员的积极性。榜样具有很强的示范和激励作用，具体表现为对人思想和行为的感染功能、激励功能、号召功能、启迪功能和警醒功能。当学习者了解到榜样的学习经历及其取得的成就时，他便会在思想上受到深刻的教育，在精神上受到的极大鼓舞，在情感上引起强烈的共鸣。在开展培养大学生法律意识的工作中，通过树立一个榜样，让其现身说法，能够形象地向其他同学说明培养法律意识的重要性以及如何培养良好的法律意识。同时注意除了树立个别的榜样，还要加强宣传，多举办法律知识讲座、模拟审判等活动，在整个校园营造出良好的法治氛围，使榜样的激励作用发挥得更大。

（三）强化激励法

正强化激励作为高校常采取的方式，有助于提高激励对象的主动性。在学校里，采用精神褒奖或奖学金鼓励的形式，可能并不能满足学生的某些需要。若将法律知识的掌握程度作为考核大学生综合素质的一项标准，对于优秀学生不光予以表扬和物质奖励，同时提供交流学习的机会，增加激励方式，才能够更全面地满足学生发展需要；对于看似成绩普通但能够自觉遵守校纪校规的学生及时予以言语表扬，是对他们自觉守法行为的肯定，激励其继续保持良好行为习惯，主动维护法律权威。与之相对的负强化激励更需讲究方法，注重艺术。批评和惩罚是大多数人都不太愿意接受的，在面对学生时，应把握尺度，做到以理服人，在不伤害学生自尊心的前提下，对不同程度的不良行为予以不同力度的处罚，例如采用口头警告，通报批评，记过，留校察看，开除学籍等方式对学生进行处置，以避免类似情况再次发生，以达到培养大学生自觉守法意识的目的。

第八节　大学生创新创业教育中法律意识培养

当前我国高校学生在创新创业法律认知方面普遍欠缺，究其原因在于目前高校开展的创新创业教育侧重于创新创业知识、策略、技巧等技术层面，而较少涉及创新创业意识尤其是法律意识层面。因此，在双创背景下，为了促进学生更好地开展创新创业活动，必须加强对学生创新创业教育中法律意识的培养。本节探讨了加强创新创业教育中法律意识培养的必要性，同时结合当前高校学生创新创业法律教育存在的主要问题，提出了在大学生创新创业教育中培养其法律意识的路径。

一、加强高校学生创新创业教育中法律意识培养的必要性

（一）践行新时代全面依法治国战略的基本遵循

近五年来，我国法治建设取得显著进步，但全面依法治国实践仍然任重道远。党的十九大报告要求深化依法治国实践，坚持厉行法治，而深化依法治国实践必然要求加大全民普法力度，提升国民法律素养。高校青年学生作为国家和民族的希望，更应着力培养其法律素养，使其认同和遵守法律，在宪法、法律、法规等规定和允许的框架内进行创新创业活动。加强对高校学生创新创业教育中法律意识的培养，有利于其知悉创新创业法律的相关规定，有利于促进学生开展创新创业活动，是新时代践行全面依法治国战略的基本遵循。

（二）提升高校学生创新创业法律风险意识及素养的必然要求

高校学生在创新创业过程中，由于缺乏相关的专业指导，往往对于创新创业活动的法律风险没有充分的预估和认识，缺乏相关法律风险的识别与防范能力，最终很容易损害到自身权益。因此，高校在创新创业教育中除了侧重于创新创业的知识、策略等技术层面，还应加强创新创业法律教育，培养其法律意识，帮助其识别与防范创新创业活动中来源于权利的行使、义务的履行等领域的法律风险，为学生提供学习相关法律专业知识的平台，进而促进学生合法、有序地开展创新创业活动。

（三）规范高校学生创新创业行为的内在要求

创新创业活动要想合法、有序地进行，高校学生必须要有规则意识，知悉相关法律条款、法律规定，规范自身创新创业行为。我国《合同法》、《知识产权法》、《反不正当竞争法》、《消费者权益保护法》、《反垄断法》、《劳动法》等法律均在不同层面、不同领域上对创新创业行为进行了细致、具体的规定。如《合同法》中对于合同形式、合同内容、订立合同方式等的规定为高校学生规范创新创业过程中订立、履行合同的相关行为提供了依据。故而，高校如开展相应的创新创业法律教育，可使高校学生在创新创业实践中更好地规范自身行为，了解和掌握市场经济正常运行本身的法律规则，是规范学生创新创业行为的内在要求。

二、当前高校创新创业法律教育存在的主要问题

（一）创新创业法律教育理念缺失

当前我国高校创新创业法律教育发展受到制约的一个重要因素在于高校创新

创业法律教育理念缺失，对于高校学生创新创业法律意识的培养没有给予足够的重视。具体而言，当前我国高校开展的创新创业教育更多倾向于创新创业知识、策略等技术层面，忽视了创新创业意识尤其是法律意识层面，导致学生不知悉创新创业相关法律规定，不能识别与防范创新创业活动中的法律风险，缺乏法律规则意识，严重影响创新创业行为的成功率。

（二）创新创业法律教育师资结构不合理

创新创业法律教育课程涵盖的法律门类很多，涉及《合同法》、《知识产权法》等相关内容，授课者需结合创新创业行为的实践性特点，将这些不同类型的法律知识融合在一起再传授给高校学生，这就对创新创业法律教育的相关授课教师提出了较高的要求：既要有扎实的法学理论功底，也要具备较高的教学能力。但现如今，我国高校创新创业法律教育师资队伍主要由高校从事行政工作的人员来构成，缺少相关法学专业教师的加入，这样的现实情况导致授课内容理论深度不够，知识结构和理论水平难以完全满足创新创业法律教育的专业性及实践性要求。

（三）创新创业法律教育课程设置不完善

目前多数高校创新创业法律课程设置方面缺乏系统性，并没有形成完整的课程体系。创新创业法律知识主要依托于《大学生创新创业课程》、《大学生就业与指导》、《思修与法律》以及相关法律选修课程和创新创业法律讲座来向高校学生传授，但这样的创新创业法律课程往往比较碎片化，难以使学生掌握到系统的创新创业法律知识体系。因而即便学生参与了这样的课程，也很难真正对其创新创业行为提供实质性的法律层面的帮助。

（四）创新创业法律教育实践性指导欠缺

创新创业法律教育应兼具理论性与实践性特点，因此在培养高校学生创新创业法律意识的过程中，不能仅向其传授相关理论知识，同时还应注重创新创业法律教育的实践应用性，向其提供适当的法律实践经验指导。唯有如此，方可取得预期的教学效果。然而，由于承担创新创业教育工作的人员多数为高校的行政人员，普遍欠缺法律实践经验，导致其很难提供给学生更具实践性的创新创业法律指导，难以达到预期的教学效果。同时重理论轻实践也会使创新创业法律课程略显枯燥，不容易使学生对该课程产生浓厚的兴趣。

三、"双创"背景下高校学生创新创业法律教育的完善路径

（一）树立正确的创新创业法律教育理念

《教育部关于做好2019届全国普通高等学校毕业生就业创业工作的通知》里面明确规定了:"要全面深化高校创新创业教育改革。各地各高校要将创新创业教育贯穿人才培养全过程。"因此，高校必须主动转变传统理念，正确认识到创新创业教育除了有助于解决学生就业问题之外，其本身就是一种教育模式，需要各高校不断坚持先进的教育理念，努力实现高校学生的全面发展，而在社会主义法治社会中对高校学生开展创新创业法律教育，正是马克思主义关于人的全面发展理论的具体化、现实化的必然要求。因此，教育主管部门和高校应树立正确的创新创业法律教育理念，主动将创新创业法律教育纳入到学校教育改革发展规划体系中。

（二）打造专兼结合、精通法律的师资队伍

首先，鼓励创新创业法律教师团队通过研究相关理论和案例来提升自身的法律分析能力；其次，建立完整的培训体系：为创新创业法律教育团队制定培训计划，为其提供学术交流、课程进修等活动，并利用高校寒暑假或其他假期时间为法律教师团队组织法律社会实践活动，提升其教育教学能力；第三，邀请相关领域法学专家及专业学者作为创新创业法律教育兼任教师，打造专兼结合、精通法律的师资队伍，为高校学生提供更优质的创新创业法律教育。

（三）完善高校创新创业法律教育课程体系

第一，提升高校创新创业法律教育课程地位。合理安排高校创新创业法律教育课程，重新审视其在大学生创新创业教育中的积极作用，不断提升其在高校双创教育体系中的地位；

第二，建立起多层次、系统化的创新创业法律教育课程体系。增加《大学生创新创业课程》、《大学生就业与指导》、《思修与法律》等公共课中创新创业法律教育的比重，同时开设更多的相关法律选修与辅修课程供学生选择，进而满足学生不同层次的需求；

第三，加强高校创新创业法律课程的内容体系建设。首先，创新创业法律教育内容在深度上和广度上必须适当，因为此教育内容的受众多数为非法学专业学生；其次，创新创业法律教育内容要具有针对性。在进行教学设计时，要根据不同专业学生的学科背景和现实需求进行调整，更好地满足学生的需求。

（四）开展创新创业法律知识实践教学

在对高校学生进行创新创业法律教育的过程中，应注重采用理论与实践相结合的教学模式。在课堂上向学生讲授了创新创业法律理论知识以后，还应开展创新创业法律知识实践教学。具体而言，可组织学生参加法律实践活动，从“象牙塔”走出去，到公检法系统、律师事务所、监狱、企业等地，真实感受创新创业法律实践问题，加强理解与吸收所学创新创业法律理论知识，强化创新创业法律规则意识，规范其自身的创新创业行为，并提升创新创业法律风险的识别与防范能力，进而促进学生合法、有序地开展创新创业活动。

参考文献

[1] 宋洁．当代大学生法律素质培养途径探析 [J]. 科技创新导报，2016（29).

[2] 郭秀兰，王云．当代大学生法律素质的培养探讨 [J]. 现代企业教育，2010(10).

[3] 刘莹，林伯海．当代大学生法律素质培养的三个维度 [J]. 思想理论教育导刊，2013（07).

[4] 李彬．提高大学生法律意识的几个途径 [J]. 湖北函授大学学报，2011（08).

[5] 习伟．高校法制教育现状与大学生法律意识的培养 [J]. 产业与科技论坛，2011（06).

[6] 刘金萍，庞聪玲．加强大学生法制教育浅析 [J]. 中国教育技术装备，2011(21).

[7] 赵英杰．培养学生法律意识提高学生法制观念 [J]. 青年文学家，2011（15).

[8] 卫东．怆法律意识形态 [J]. 中国社会科学，2015（11).

[9] 陈南雁．培育和提高当代大学生的法律意识 [J]. 法学杂志，2010（51).

[10] 王弄玉，刘娇，郑小蓉，自媒体对大学生法律意识的培养的机遇与途径 [J]. 智富时代，2017（2X).

[11] 王海波，杨向荣．自媒体时代大学生法律意识培育的困境与对策 [J]. 思想教育研究，2016（3).

[12] 谭胜煌．大学生法律意识培养路径探究 [J]. 法制与社会，2017,(21)：96.

[13] 曹燕．依法治国视阈下大学生法律意识现状及对策研究 [J]. 陕西教育(高教),2017（12)：73-74.

[14] 郭紫洁．新形势下大学生法律素养培养初探 [J]. 天津职业院校联合学报，2018,20（11)：96-100.

[15] 曾学清．网络时代大学生法律意识培育及教育对策 [J]. 中国多媒体与网络教学学报(中旬刊),2018（10)：84-86.

[16] 王玮琦，徐一娉．高等教育学生法治意识的培养 [J]. 教育教学论坛，2018（41)：74-75.

[17] 杨用才．大学生法律信仰培育探讨 [J]. 学校党建与思想教育，2018（18)：15-16+24.

[18] 林秀华 . 关于增强高校学生法律意识的思考 [J]. 新校园(上旬),2018(06):14.

[19] 陈大兴 . 高等教育中责任与问责的界定 [D]. 华东师范大学,2014

[20] 张淑平 . 论我国高校学生管理行为的司法审查 [J]. 福建工程学院学报,2008

[21] 单红波 . 高大学生公民意识现状及教育对策 [D]. 延边大学,2010

[22] 沈兰 . 高校学生申诉制度的完善 [J]. 科技信息(学术研究),2007